ON

단숨에 켠다.

단기 특강

수학 II

KB190393

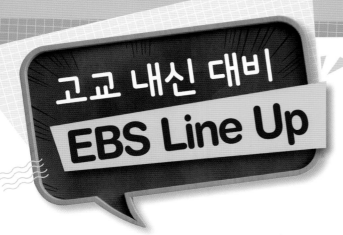

고교 내신 대비 EBS Line Up

고등학교 0학년 필수 교재
고등예비과정

국어, 영어, 수학, 한국사, 사회, 과학 6책

모든 교과서를 한 권으로,
교육과정 필수 내용을 빠르고 쉽게!

국어 · 영어 · 수학 내신 + 수능 기본서
올림포스

국어, 영어, 수학 16책

내신과 수능의 기초를 다지는 기본서
학교 수업과 보충 수업용 선택 No.1

국어 · 영어 · 수학 개념+기출 기본서
올림포스 전국연합학력평가 기출문제집

국어, 영어, 수학 10책

개념과 기출을 동시에 잡는 신개념 기본서
최신 학력평가 기출문제 완벽 분석

한국사 · 사회 · 과학 개념 학습 기본서
개념완성

한국사, 사회, 과학 19책

한 권으로 완성하는 한국사, 탐구영역의 개념
부가 자료와 수행평가 학습자료 제공

수준에 따라 선택하는 영어 특화 기본서
영어 POWER 시리즈

Grammar POWER 3책
Reading POWER 4책
Listening POWER 2책
Voca POWER 2책

원리로 익히는 국어 특화 기본서
국어 독해의 원리

현대시, 현대 소설, 고전 시가, 고전 산문,
독서 5책

국어 문법의 원리

수능 국어 문법, 수능 국어 문법 180제 2책

기초 수학 닥터링부터 고난도 문항까지
올림포스 닥터링

수학, 수학 I, 수학 II, 확률과 통계, 미적분 5책

올림포스 고난도

수학, 수학 I, 수학 II, 확률과 통계, 미적분 5책

최다 문항 수록 수학 특화 기본서
수학의 왕도

수학(상), 수학(하), 수학 I, 수학 II,
확률과 통계, 미적분 6책

개념의 시각화 + 세분화된 문항 수록
기초에서 고난도 문항까지 계단식 학습

단기간에 끝내는 내신
단기 특강

국어, 영어, 수학 8책

얇지만 확실하게, 빠르지만 강하게!
내신을 완성시키는 문항 연습

단숨에 켠다.

단기 특강

수학 II

Structure

1

각 단원에서 핵심 내용을 중심으로 필요한 정의, 공식 등을 정리하고 핵심 내용의 보충, 심화, 참고 등의 부연 설명은 **Plus** 를 통해 추가 설명

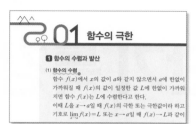

2

핵심 내용에서 학습한 원리, 법칙 등을 문항을 통해 이해할 수 있도록 출제하였으며 풀이에 첨삭을 추가하여 개념 확인에 도움이 될 수 있도록 구성

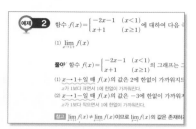

3

예제와 유사한 내용의 문항이나 일반화된 문항을 출제

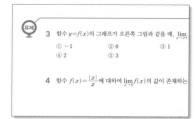

4

문제 해결 능력을 배양할 수 있도록 다양한 문항을 출제

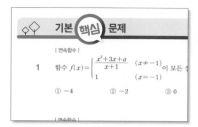

5

대단원별로 개념을 다시 정리하여 복합적인 문항을 해결할 수 있도록 출제하고 별도 코너로 **서술형 문항**을 실어 내신에 대비할 수 있도록 구성

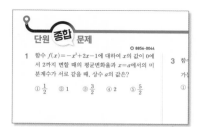

6

대단원별로 기출문항을 변형한 모의평가 문항을 출제하여 연습할 수 있도록 구성하였으며 세트로 유사한 맛보기 문항을 출제하여 실전에 대비할 수 있도록 구성

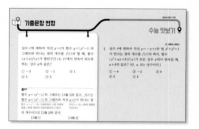

Contents

EBS 단기 특강 수학Ⅱ 차례

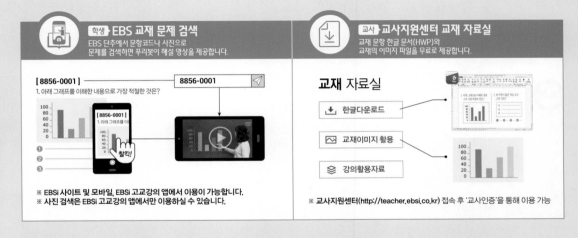

학생 EBS 교재 문제 검색
EBS 단추에서 문항코드나 사진으로
문제를 검색하면 푸리봇이 해설 영상을 제공합니다.

[8856-0001]
1. 아래 그래프를 이해한 내용으로 가장 적절한 것은?

8856-0001

[8856-0001]
1. 아래 그래프를 이

찰칵!

※ EBSi 사이트 및 모바일, EBSi 고교강의 앱에서 이용이 가능합니다.
※ 사진 검색은 EBSi 고교강의 앱에서만 이용하실 수 있습니다.

교사 교사지원센터 교재 자료실
교재 문항 한글 문서(HWP)와
교재의 이미지 파일을 무료로 제공합니다.

교재 자료실

⬇ 한글다운로드

🖼 교재이미지 활용

≋ 강의활용자료

※ 교사지원센터(http://teacher.ebsi.co.kr) 접속 후 '교사인증'을 통해 이용 가능

01 함수의 극한

1 함수의 수렴과 발산

(1) 함수의 수렴❶

함수 $f(x)$에서 x의 값이 a와 같지 않으면서 a에 한없이 가까워질 때 $f(x)$의 값이 일정한 값 L에 한없이 가까워지면 함수 $f(x)$는 L에 수렴한다고 한다.

이때 L을 $x \to a$일 때 $f(x)$의 극한 또는 극한값이라 하고 기호로 $\lim_{x \to a} f(x) = L$ 또는 $x \to a$일 때 $f(x) \to L$과 같이 나타낸다.

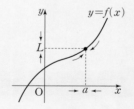

(2) 함수의 발산❷

함수 $f(x)$에서 x의 값이 a와 같지 않으면서 a에 한없이 가까워질 때 $f(x)$의 값이 한없이 커지면 함수 $f(x)$는 양의 무한대로 발산한다고 하며, 기호로 $\lim_{x \to a} f(x) = \infty$ 또는 $x \to a$일 때 $f(x) \to \infty$와 같이 나타낸다. 또한, $x \to a$일 때 $f(x)$의 값이 음수이면서 그 절댓값이 한없이 커지면 함수 $f(x)$는 음의 무한대로 발산한다고 하며, 기호로 $\lim_{x \to a} f(x) = -\infty$ 또는 $x \to a$일 때 $f(x) \to -\infty$와 같이 나타낸다.

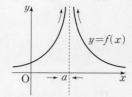

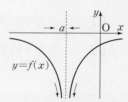

Plus

❶ 상수함수 $f(x) = c$(c는 상수)는 모든 실수 x에 대하여 함숫값이 항상 c이므로 a의 값에 관계없이
$$\lim_{x \to a} f(x) = \lim_{x \to a} c = c$$
이다.

$x \to \infty$ 또는 $x \to -\infty$일 때 $f(x)$가 일정한 값 L에 수렴하는 것을 각각 기호로
$$\lim_{x \to \infty} f(x) = L$$
$$\lim_{x \to -\infty} f(x) = L$$
과 같이 나타낸다.

❷ $x \to \infty$ 또는 $x \to -\infty$일 때 $f(x)$가 양의 무한대나 음의 무한대로 발산하는 것을 각각 기호로
$$\lim_{x \to \infty} f(x) = \infty$$
$$\lim_{x \to \infty} f(x) = -\infty$$
$$\lim_{x \to -\infty} f(x) = \infty$$
$$\lim_{x \to -\infty} f(x) = -\infty$$
와 같이 나타낸다.

예제 1 함수 $f(x) = \dfrac{x^2 - 4}{x - 2}$ 의 그래프를 이용하여 $\lim\limits_{x \to 2} \dfrac{x^2 - 4}{x - 2}$ 의 값을 구하시오.

풀이 $x \neq 2$일 때 $f(x) = \dfrac{x^2-4}{x-2} = \dfrac{(x-2)(x+2)}{x-2} = x+2$이므로

함수 $y = f(x)$의 그래프는 그림과 같다.

$x \to 2$일 때 $f(x) \to 4$이므로 $\lim\limits_{x \to 2} \dfrac{x^2-4}{x-2} = 4$

$x = 2$에서 함숫값이 존재하지 않아도 극한값은 존재할 수 있다.

답 4

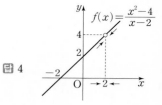

유제

○ 8856-0001

1 그래프를 이용하여 다음 극한값을 구하시오.

(1) $\lim\limits_{x \to 1} \dfrac{x^2 - 4x + 3}{x - 1}$
(2) $\lim\limits_{x \to -2} (x^2 + 4x + 1)$
(3) $\lim\limits_{x \to \infty} \dfrac{1}{x}$

○ 8856-0002

2 그래프를 이용하여 다음 극한을 조사하시오.

(1) $\lim\limits_{x \to \infty} (x^2 + 1)$
(2) $\lim\limits_{x \to -\infty} (x - 1)$
(3) $\lim\limits_{x \to -\infty} (-2x + 1)$

❷ 좌극한과 우극한

(1) 좌극한

함수 $f(x)$에서 x의 값이 a보다 작으면서 a에 한없이 가까워질 때 $f(x)$의 값이 일정한 값 L에 한없이 가까워지면 L을 $x=a$에서의 함수 $f(x)$의 좌극한이라 하고 기호로 $\lim\limits_{x \to a-} f(x)=L$ 또는 $x \to a-$일 때 $f(x) \to L$과 같이 ③ 나타낸다.

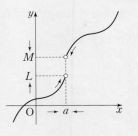

(2) 우극한

함수 $f(x)$에서 x의 값이 a보다 크면서 a에 한없이 가까워질 때 $f(x)$의 값이 일정한 값 M에 한없이 가까워지면 M을 $x=a$에서의 함수 $f(x)$의 우극한이라 하고 기호로 $\lim\limits_{x \to a+} f(x)=M$ 또는 $x \to a+$일 때 $f(x) \to M$과 같이 나타낸다. ④

(3) 극한값의 존재 조건

함수 $f(x)$에 대하여 $\lim\limits_{x \to a} f(x)=L$($L$은 실수)이면 $x=a$에서의 $f(x)$의 좌극한과 우극한이 각각 존재하고 그 값은 모두 L로 같다. 또 그 역도 성립한다. ⑤

즉, $\lim\limits_{x \to a} f(x)=L \Longleftrightarrow \lim\limits_{x \to a-} f(x)=\lim\limits_{x \to a+} f(x)=L$이다.

Plus

③ $x \to a-$는 x가 a보다 작으면서 a에 한없이 가까워짐을 뜻하므로 이때 x의 값의 범위는 $x<a$이다.

④ $x \to a+$는 x가 a보다 크면서 a에 한없이 가까워짐을 뜻하므로 이때 x의 값의 범위는 $x>a$이다.

⑤ $x=a$에서 좌극한과 우극한이 모두 존재하더라도 그 값이 서로 다르면 $x=a$에서 함수의 극한값은 존재하지 않는다.

예제 2 함수 $f(x)=\begin{cases} -2x-1 & (x<1) \\ x+1 & (x \geq 1) \end{cases}$ 에 대하여 다음 극한값을 구하시오.

(1) $\lim\limits_{x \to 1+} f(x)$ (2) $\lim\limits_{x \to 1-} f(x)$

풀이 함수 $f(x)=\begin{cases} -2x-1 & (x<1) \\ x+1 & (x \geq 1) \end{cases}$ 의 그래프는 그림과 같다.

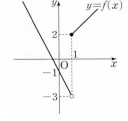

(1) $x \to 1+$일 때 $f(x)$의 값은 2에 한없이 가까워지므로 $\lim\limits_{x \to 1+} f(x)=2$
    x가 1보다 크면서 1에 한없이 가까워진다.

(2) $x \to 1-$일 때 $f(x)$의 값은 -3에 한없이 가까워지므로 $\lim\limits_{x \to 1-} f(x)=-3$
    x가 1보다 작으면서 1에 한없이 가까워진다.

답 (1) 2   (2) -3

참고 $\lim\limits_{x \to 1+} f(x) \neq \lim\limits_{x \to 1-} f(x)$이므로 $\lim\limits_{x \to 1} f(x)$의 값은 존재하지 않는다.

유제

○ 8856-0003

3 함수 $y=f(x)$의 그래프가 오른쪽 그림과 같을 때, $\lim\limits_{x \to 2+} f(x) + \lim\limits_{x \to 0-} f(x)$의 값은?

① -1 ② 0   ③ 1
④ 2   ⑤ 3

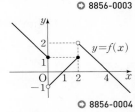

○ 8856-0004

4 함수 $f(x)=\dfrac{|x|}{x}$에 대하여 $\lim\limits_{x \to 0} f(x)$의 값이 존재하는지 조사하시오.

3 함수의 극한에 대한 성질

(1) 함수의 극한에 대한 성질 _⑥

두 함수 $f(x)$, $g(x)$에 대하여 $\lim\limits_{x \to a} f(x) = L$, $\lim\limits_{x \to a} g(x) = M$ (L, M은 실수)일 때

① $\lim\limits_{x \to a} cf(x) = cL$ (단, c는 상수)

② $\lim\limits_{x \to a} \{f(x) + g(x)\} = L + M$

③ $\lim\limits_{x \to a} \{f(x) - g(x)\} = L - M$

④ $\lim\limits_{x \to a} f(x)g(x) = LM$

⑤ $\lim\limits_{x \to a} \dfrac{f(x)}{g(x)} = \dfrac{L}{M}$ (단, $M \neq 0$)

(2) 함수의 극한에 대한 성질은 $x \to a-$, $x \to a+$, $x \to \infty$, $x \to -\infty$일 때에도 성립한다.

> **Plus**
>
> ⑥ 함수의 극한에 대한 성질은 각각의 함수의 극한값이 존재할 때만 성립하는 성질이다.

예제 3 다음 극한값을 구하시오.

(1) $\lim\limits_{x \to 3} (-x^2 + 6x - 2)$

(2) $\lim\limits_{x \to 2} \dfrac{x^2 + 6}{3x - 1}$

풀이 (1) $\lim\limits_{x \to 3} (-x^2 + 6x - 2) = -\lim\limits_{x \to 3} x \times \lim\limits_{x \to 3} x + 6 \lim\limits_{x \to 3} x + \lim\limits_{x \to 3} (-2) = -(3 \times 3) + 6 \times 3 + (-2) = 7$

<u>함수의 극한에 대한 성질은 각각의 함수의 극한값이 존재할 때만 성립한다.</u>

(2) $\lim\limits_{x \to 2} \dfrac{x^2 + 6}{3x - 1} = \dfrac{\lim\limits_{x \to 2}(x^2 + 6)}{\lim\limits_{x \to 2}(3x - 1)} = \dfrac{2 \times 2 + 6}{3 \times 2 - 1} = \dfrac{10}{5} = 2$

<u>함수의 극한에 대한 성질은 각각의 함수의 극한값이 존재할 때만 성립한다.</u>

달 (1) 7 (2) 2

[다른 풀이] (1) 함수의 그래프를 이용하여 구할 수도 있다.

$f(x) = -x^2 + 6x - 2 = -(x-3)^2 + 7$이므로

함수 $y = f(x)$의 그래프는 오른쪽 그림과 같다.

따라서 $\lim\limits_{x \to 3} (-x^2 + 6x - 2) = 7$

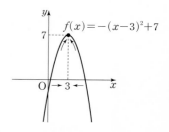

유제

○ 8856-0005

5 다음 극한값을 구하시오.

(1) $\lim\limits_{x \to 2} (x-1)(x+3)$

(2) $\lim\limits_{x \to -1} \dfrac{x+1}{x^2 - 2x + 5}$

○ 8856-0006

6 다항함수 $f(x)$에 대하여 $\lim\limits_{x \to 1} \dfrac{f(x)}{x-1} = 2$일 때, $\lim\limits_{x \to 1} \dfrac{f(x)}{x^2 - 1}$ 의 값은?

① $\dfrac{1}{4}$

② $\dfrac{1}{2}$

③ 1

④ 2

⑤ 4

❹ 극한값의 계산

(1) $\dfrac{0}{0}$ 꼴

  ① 분모, 분자가 다항식인 경우
  분모, 분자를 인수분해한 후 공통인수를 약분한다.
  ② 분모 또는 분자에 근호가 포함된 식이 있는 경우
  근호가 있는 쪽을 유리화한 후 공통인수를 약분한다.

(2) $\dfrac{\infty}{\infty}$ 꼴
  분모의 최고차항으로 분모와 분자를 각각 나눈다.

(3) $\infty - \infty$ 꼴

  ① 다항식인 경우: 최고차항으로 묶는다.
  ② 근호가 있는 경우
  분모가 1인 분수식으로 생각하여 분자를 유리화한다.

(4) $\infty \times 0$ 꼴
  통분하거나 근호가 있는 쪽을 유리화한다.

Plus

❼ $\dfrac{\infty}{\infty}$ 꼴의 극한
  ① (분모의 차수)
   > (분자의 차수)
   인 경우
   ⇨ 극한값은 0
  ② (분모의 차수)
   = (분자의 차수)
   인 경우
   ⇨ 극한값은 분모, 분자의 최고차항의 계수의 비
  ③ (분모의 차수)
   < (분자의 차수)
   인 경우
   ⇨ ∞ 또는 $-\infty$로 발산

예제 4 다음 극한값을 구하시오.

(1) $\displaystyle\lim_{x \to 2} \dfrac{3x^2 - 7x + 2}{x - 2}$

(2) $\displaystyle\lim_{x \to \infty} \left(\sqrt{x^2 + x} - x \right)$

풀이 (1) $\displaystyle\lim_{x \to 2} \dfrac{3x^2 - 7x + 2}{x - 2} = \lim_{x \to 2} \dfrac{(x-2)(3x-1)}{x-2} = \lim_{x \to 2} (3x - 1) = 5$

분자를 인수분해하여 약분한다.

(2) $\displaystyle\lim_{x \to \infty} \left(\sqrt{x^2 + x} - x \right) = \lim_{x \to \infty} \dfrac{(\sqrt{x^2+x} - x)(\sqrt{x^2+x} + x)}{\sqrt{x^2+x} + x} = \lim_{x \to \infty} \dfrac{x}{\sqrt{x^2+x} + x} = \lim_{x \to \infty} \dfrac{1}{\sqrt{1 + \dfrac{1}{x}} + 1} = \dfrac{1}{2}$

분모를 1로 보고 분자를 유리화한다.

분모의 최고차항인 x로 분모, 분자를 각각 나눈다.

답 (1) 5 (2) $\dfrac{1}{2}$

○ 8856-0007

7 다음 극한값을 구하시오.

(1) $\displaystyle\lim_{x \to -1} \dfrac{x^2 + 3x + 2}{x + 1}$

(2) $\displaystyle\lim_{x \to \infty} \dfrac{3x^2 + x + 5}{x^2 - x - 1}$

○ 8856-0008

8 다음 극한값을 구하시오.

(1) $\displaystyle\lim_{x \to 1} \dfrac{\sqrt{x+1} - \sqrt{2}}{x - 1}$

(2) $\displaystyle\lim_{x \to 1} \dfrac{3}{x - 1} \left(1 - \dfrac{3}{x + 2} \right)$

❺ 미정계수의 결정

두 함수 $f(x)$, $g(x)$에 대하여

(1) $\lim\limits_{x \to a} \dfrac{f(x)}{g(x)} = a$ (a는 실수)이고 $\lim\limits_{x \to a} g(x) = 0$이면 $\lim\limits_{x \to a} f(x) = 0$이다.

┤ 증명 ├
$$\lim_{x \to a} f(x) = \lim_{x \to a}\left\{\frac{f(x)}{g(x)} \times g(x)\right\} = \lim_{x \to a}\frac{f(x)}{g(x)} \times \lim_{x \to a} g(x) = a \times 0 = 0$$

(2) $\lim\limits_{x \to a} \dfrac{f(x)}{g(x)} = a$ ($a \neq 0$인 실수)이고 $\lim\limits_{x \to a} f(x) = 0$이면 $\lim\limits_{x \to a} g(x) = 0$이다.

┤ 증명 ├
$$\lim_{x \to a} g(x) = \lim_{x \to a}\left\{\frac{g(x)}{f(x)} \times f(x)\right\} = \lim_{x \to a}\frac{g(x)}{f(x)} \times \lim_{x \to a} f(x) = \frac{1}{a} \times 0 = 0$$

❻ 함수의 극한의 대소 관계

두 함수 $f(x)$, $g(x)$에서 a에 가까운 모든 실수 x에 대하여

(1) $f(x) \leq g(x)$이고 $\lim\limits_{x \to a} f(x)$와 $\lim\limits_{x \to a} g(x)$의 값이 존재하면 $\lim\limits_{x \to a} f(x) \leq \lim\limits_{x \to a} g(x)$

(2) 함수 $h(x)$에 대하여 $f(x) \leq h(x) \leq g(x)$이고 $\lim\limits_{x \to a} f(x) = \lim\limits_{x \to a} g(x) = L$ (L은 실수)이면 $\lim\limits_{x \to a} h(x) = L$

Plus

❽ 두 다항함수 $f(x)$, $g(x)$에 대하여
$$\lim_{x \to \infty}\frac{f(x)}{g(x)} = p \ (p \neq 0$$
인 실수)이면
① ($f(x)$의 차수) = ($g(x)$의 차수)
② $p = \dfrac{(f(x)의 \ 최고차항의 \ 계수)}{(g(x)의 \ 최고차항의 \ 계수)}$

❾ 함수의 극한의 대소 관계는 $x \to a+$, $x \to a-$, $x \to \infty$, $x \to -\infty$일 때에도 성립한다.

❿ $f(x) < g(x)$이고 $\lim\limits_{x \to a} f(x)$와 $\lim\limits_{x \to a} g(x)$의 값이 존재한다고 해서 $\lim\limits_{x \to a} f(x) < \lim\limits_{x \to a} g(x)$가 항상 성립하는 것은 아니다.

 5 등식 $\lim\limits_{x \to 1} \dfrac{x^2 - ax + b}{x - 1} = 3$을 만족시키는 두 상수 a, b의 값을 구하시오.

풀이 $\lim\limits_{x \to 1} \dfrac{x^2 - ax + b}{x - 1} = 3$에서 $\lim\limits_{x \to 1}(x - 1) = 0$이므로 $\lim\limits_{x \to 1}(x^2 - ax + b) = 0$이다.

즉, $1 - a + b = 0$에서 $b = a - 1$ ······ ㉠ (분모) → 0이므로 (분자) → 0이다.

㉠을 주어진 식에 대입하면

$$\lim_{x \to 1} \frac{x^2 - ax + b}{x - 1} = \lim_{x \to 1} \frac{x^2 - ax + (a-1)}{x - 1} = \lim_{x \to 1} \frac{(x-1)(x+1-a)}{x - 1} = \lim_{x \to 1}(x + 1 - a) = 2 - a$$

$2 - a = 3$이므로 $a = -1$ 분자를 인수분해하여 약분한다.

$a = -1$을 ㉠에 대입하면 $b = -2$

⊟ $a = -1$, $b = -2$

○ 8856-0009

9 다음 등식을 만족시키는 두 상수 a, b의 값을 구하시오.

(1) $\lim\limits_{x \to -2} \dfrac{x^2 + ax + b}{x + 2} = -1$

(2) $\lim\limits_{x \to 2} \dfrac{x - 2}{\sqrt{x + a} - b} = 2$

○ 8856-0010

10 함수 $f(x)$가 모든 실수 x에 대하여 $-x^2 + 2x - 1 \leq f(x) \leq x^2 - 2x + 1$을 만족시킬 때, $\lim\limits_{x \to 1} f(x)$의 값은?

① -3 ② -2 ③ -1 ④ 0 ⑤ 1

| 함수의 수렴과 발산 |

8856-0011

1 그래프를 이용하여 다음 극한값을 구하시오.

(1) $\lim\limits_{x \to \frac{1}{2}} (2x-1)$

(2) $\lim\limits_{x \to 3} \sqrt{x+1}$

(3) $\lim\limits_{x \to 2} (-x^2+4x)$

(4) $\lim\limits_{x \to \infty} \left(1+\dfrac{1}{x}\right)$

| 좌극한과 우극한 |

8856-0012

2 함수 $y=f(x)$의 그래프가 오른쪽 그림과 같을 때, $\lim\limits_{x \to 0-} f(x) + \lim\limits_{x \to 1+} f(x) + \lim\limits_{x \to 3} f(x)$의 값은?

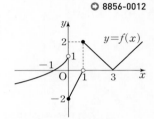

① 0　　　　② 1　　　　③ 2

④ 3　　　　⑤ 4

| 함수의 극한에 대한 성질 |

8856-0013

3 다항함수 $f(x)$에 대하여 $\lim\limits_{x \to 2} \dfrac{f(x)}{x-2}=4$일 때, $\lim\limits_{x \to 2} \dfrac{(x+1)f(x)}{x^2-4}$의 값은?

① 1　　　　② 2　　　　③ 3　　　　④ 4　　　　⑤ 5

| 극한값의 계산 |

8856-0014

4 등식 $\lim\limits_{x \to -1} \dfrac{\sqrt{x+a}-b}{x^2-1}=-\dfrac{1}{8}$이 성립하도록 하는 두 상수 a, b에 대하여 $a+b$의 값은?

① 6　　　　② 7　　　　③ 8　　　　④ 9　　　　⑤ 10

| 미정계수의 결정 |

8856-0015

5 다항함수 $f(x)$가 $\lim\limits_{x \to \infty} \dfrac{f(x)}{x^2-x-2}=1$, $\lim\limits_{x \to -1} \dfrac{f(x)}{x+1}=3$을 만족시킬 때, $f(1)$의 값은?

① 10　　　　② 11　　　　③ 12　　　　④ 13　　　　⑤ 14

02 함수의 연속

1 함수의 연속과 불연속

(1) 함수의 연속

함수 $f(x)$와 실수 a에 대하여

(i) 함수 $f(x)$가 $x=a$에서 정의되어 있고

(ii) 극한값 $\lim\limits_{x \to a} f(x)$가 존재하며

(iii) $\lim\limits_{x \to a} f(x) = f(a)$ ➊

일 때, 함수 $f(x)$는 $x=a$에서 연속이라 한다.

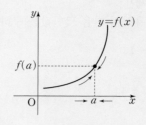

(2) 함수의 불연속 ➋

함수 $f(x)$가 $x=a$에서 연속이 아닐 때, 함수 $f(x)$는 $x=a$에서 불연속이라 한다.

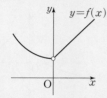 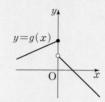 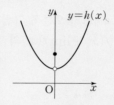

① $f(0)$이 정의되지 않으므로 $x=0$에서 불연속

② $\lim\limits_{x \to 0} g(x)$가 존재하지 않으므로 $x=0$에서 불연속

③ $\lim\limits_{x \to 0} h(x) \neq h(0)$이므로 $x=0$에서 불연속

Plus

➊ 극한값 $\lim\limits_{x \to a} f(x)$가 존재한다는 것은 $x=a$에서 좌극한과 우극한이 서로 같다는 것이다. 즉,
$$\lim\limits_{x \to a-} f(x) = \lim\limits_{x \to a+} f(x)$$

➋ 함수가 연속이 되는 세 가지 조건 중 어느 한 가지라도 만족시키지 않으면 함수 $f(x)$는 $x=a$에서 불연속이다.

예제 1 함수 $y=f(x)$의 그래프가 오른쪽 그림과 같을 때, $x=1$에서 연속성을 조사하시오.

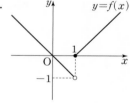

풀이 $f(1)=0$

$\lim\limits_{x \to 1-} f(x) = -1$이고 $\lim\limits_{x \to 1+} f(x) = 0$이므로 $\lim\limits_{x \to 1-} f(x) \neq \lim\limits_{x \to 1+} f(x)$

즉, 극한값 $\lim\limits_{x \to 1} f(x)$가 존재하지 않는다.

따라서 함수 $f(x)$는 $x=1$에서 불연속이다.

함수 $y=f(x)$의 그래프는 $x=1$에서 끊어져 있다.

📋 함수 $f(x)$는 $x=1$에서 불연속이다.

유제

◐ 8856-0016

1 함수 $f(x) = \begin{cases} \dfrac{|x|}{x} & (x \neq 0) \\ 1 & (x=0) \end{cases}$ 의 $x=0$에서 연속성을 조사하시오.

◐ 8856-0017

2 함수 $y=f(x)$의 그래프가 오른쪽 그림과 같을 때, 다음을 조사하시오.

(1) $x=-1$에서 연속성

(2) $x=1$에서 연속성

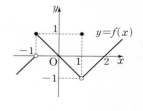

❷ 구간

두 실수 a, b $(a<b)$에 대하여

(1) 집합 $\{x|a<x<b\}$, $\{x|a\le x\le b\}$, $\{x|a\le x<b\}$, $\{x|a<x\le b\}$를 구간이라 하고, 각각 기호로 (a, b), $[a, b]$, $[a, b)$, $(a, b]$와 같이 나타낸다.❸

수직선	(a, b) ○──○ $a \quad b \quad x$	$[a, b]$ ●──● $a \quad b \quad x$	$[a, b)$ ●──○ $a \quad b \quad x$	$(a, b]$ ○──● $a \quad b \quad x$

(2) 집합 $\{x|x>a\}$, $\{x|x\ge a\}$, $\{x|x<a\}$, $\{x|x\le a\}$도 구간이라 하고, 각각 기호로 (a, ∞), $[a, \infty)$, $(-\infty, a)$, $(-\infty, a]$와 같이 나타낸다.

수직선	(a, ∞) ○── $a \quad x$	$[a, \infty)$ ●── $a \quad x$	$(-\infty, a)$ ──○ $a \quad x$	$(-\infty, a]$ ──● $a \quad x$

Plus
❸ (a, b)를 열린구간, $[a, b]$를 닫힌구간, $[a, b)$, $(a, b]$를 반열린 구간 또는 반닫힌 구간이라 한다.
특히 실수 전체의 집합은 기호로 $(-\infty, \infty)$와 같이 나타낸다.

예제 2 함수 $y=f(x)$의 그래프가 다음 그림과 같을 때, 〈보기〉에서 옳은 것만을 있는 대로 고르시오.

보기
ㄱ. $\lim\limits_{x\to1}f(x)=1$
ㄴ. 닫힌구간 $[-2, 2]$에서 함수 $f(x)$가 불연속이 되는 x의 값은 2개이다.
ㄷ. 함수 $(x-1)f(x)$가 닫힌구간 $[-2, 2]$에서 연속이다.

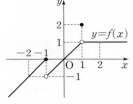

풀이 ㄱ. $\lim\limits_{x\to1-}f(x)=1$이고 $\lim\limits_{x\to1+}f(x)=1$이므로 $\lim\limits_{x\to1}f(x)=1$ (참)
　　　　　　　　　　　　　　　　　　　　　　　　　　$x=1$에서 좌극한과 우극한이 같아야 한다.

ㄴ. (i) $\lim\limits_{x\to-1-}f(x)=0$이고 $\lim\limits_{x\to-1+}f(x)=-1$이므로 $\lim\limits_{x\to-1-}f(x)\ne\lim\limits_{x\to-1+}f(x)$
즉, 극한값 $\lim\limits_{x\to-1}f(x)$가 존재하지 않으므로 함수 $f(x)$는 $x=-1$에서 불연속이다.

(ii) $f(1)=2$, $\lim\limits_{x\to1}f(x)=1$에서 $\lim\limits_{x\to1}f(x)\ne f(1)$이므로 함수 $f(x)$는 $x=1$에서 불연속이다.

(i), (ii)에 의하여 함수 $f(x)$가 $x=-1$과 $x=1$에서 불연속이므로 불연속이 되는 x의 값은 2개이다. (참)

ㄷ. $\lim\limits_{x\to-1-}(x-1)f(x)=(-1-1)\times0=0$, $\lim\limits_{x\to-1+}(x-1)f(x)=(-1-1)\times(-1)=2$
함수 $(x-1)f(x)$는 $x=-1$에서 극한값을 갖지 않으므로 불연속이다. (거짓)

따라서 옳은 것은 ㄱ, ㄴ이다.
답 ㄱ, ㄴ

○ 8856-0018

유제 3 열린구간 $(-2, 2)$에서 정의된 함수 $y=f(x)$의 그래프가 오른쪽 그림과 같을 때, 〈보기〉에서 옳은 것만을 있는 대로 고르시오.

보기
ㄱ. $f(0)+f(1)=1$
ㄴ. 열린구간 $(-2, 2)$에서 함수 $f(x)$의 극한값이 존재하지 않는 x의 값은 2개이다.
ㄷ. $-2<x<2$에서 함수 $f(x)$가 불연속이 되는 x의 값은 2개이다.

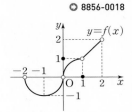

I. 함수의 극한과 연속

③ 연속함수

(1) **연속함수**

함수 $f(x)$가 어떤 열린구간의 모든 점에서 연속일 때, 함수 $f(x)$는 그 구간에서 연속 또는 그 구간에서 연속함수라 한다.
④

(2) **연속함수의 성질**

두 함수 $f(x)$, $g(x)$가 어떤 구간에서 연속이면 다음 함수도 그 구간에서 연속이다.

① $cf(x)$ (단, c는 상수)

② $f(x) \pm g(x)$

③ $f(x)g(x)$

④ $\dfrac{f(x)}{g(x)}$ (단, $g(x) \neq 0$)

Plus

④ 함수 $f(x)$가 주어진 구간의 모든 점에서 연속이어야 함수 $f(x)$는 주어진 구간에서 연속함수가 된다.

⑤ 연속함수의 성질은 함수의 극한에 대한 성질을 이용하여 얻을 수 있다.

예제 3 함수 $f(x) = \begin{cases} x+1 & (x \leq 2) \\ x^2+a & (x>2) \end{cases}$ 가 실수 전체의 집합에서 연속일 때, 상수 a의 값은?

① -3 ② -1 ③ 1 ④ 3 ⑤ 5

풀이 함수 $f(x)$가 실수 전체의 집합에서 연속이려면 $x=2$에서도 연속이어야 하므로

$\lim\limits_{x \to 2-} f(x) = \lim\limits_{x \to 2+} f(x) = f(2)$ 다항함수는 실수 전체의 집합에서 연속이므로 함수 $f(x)$는 $x=2$에서도 연속이어야 한다.

$\lim\limits_{x \to 2-} f(x) = \lim\limits_{x \to 2-} (x+1) = 3$

$\lim\limits_{x \to 2+} f(x) = \lim\limits_{x \to 2+} (x^2+a) = 4+a$

즉, $4+a=3$이므로

$a=-1$

답 ②

 유제

○ 8856-0019

4 함수 $f(x) = \begin{cases} -2x+3 & (x \leq 1) \\ ax^2-1 & (x>1) \end{cases}$ 이 실수 전체의 집합에서 연속일 때, 상수 a의 값은?

① -2 ② -1 ③ 0 ④ 1 ⑤ 2

○ 8856-0020

5 함수 $f(x) = \begin{cases} x+1 & (x \leq 1) \\ 1 & (x>1) \end{cases}$ 에 대하여 함수 $(x+k)f(x)$가 $x=1$에서 연속이 되도록 하는 상수 k의 값은?

① -5 ② -4 ③ -3 ④ -2 ⑤ -1

4 최대 · 최소 정리

함수 $f(x)$가 닫힌구간 $[a, b]$에서 연속이면 함수 $f(x)$는 이 구간에서 반드시 최댓값과 최솟값을 갖는다.

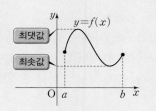

최댓값
최솟값

Plus
ⓒ 닫힌구간이 아닌 경우나 함수가 연속이 아닌 경우에는 최댓값이나 최솟값이 존재하지 않을 수 있다.

 4 함수 $f(x)=\begin{cases} x^2-2x+2 & (x\le 1) \\ \sqrt{x-1}+1 & (x>1) \end{cases}$에 대하여 닫힌구간 $[-1, 5]$에서 최댓값을 M, 최솟값을 m이라 할 때, $M+m$의 값은?

① 2 　　② 4 　　③ 6 　　④ 8 　　⑤ 10

풀이 $f(x)=\begin{cases} x^2-2x+2 & (x\le 1) \\ \sqrt{x-1}+1 & (x>1) \end{cases}$에서 $x^2-2x+2=(x-1)^2+1$이므로

$f(x)=\begin{cases} (x-1)^2+1 & (x\le 1) \\ \sqrt{x-1}+1 & (x>1) \end{cases}$

주어진 함수 $f(x)$의 그래프를 그리면 오른쪽 그림과 같다.

함수 $f(x)$는 닫힌구간 $[-1, 5]$에서 연속이므로 최대 · 최소 정리에 의하여 최댓값과 최솟값이 모두 존재한다.

$f(-1)=(-1)^2-2\times(-1)+2=5$
$f(1)=1^2-2\times 1+2=1$
$f(5)=\sqrt{5-1}+1=3$

따라서 최댓값 $M=5$, 최솟값 $m=1$이므로 $M+m=6$

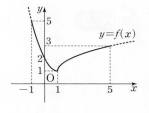

답 ③

○ 8856-0021

 6 함수 $f(x)=\begin{cases} -x+3 & (x\le 0) \\ -x^2+2x+3 & (x>0) \end{cases}$에 대하여 닫힌구간 $[-1, 3]$에서 최댓값을 M, 최솟값을 m이라 할 때, $M+m$의 값은?

① 1 　　② 2 　　③ 3 　　④ 4 　　⑤ 5

○ 8856-0022

7 함수 $f(x)=|x^2-k|$에 대하여 닫힌구간 $[-1, 1]$에서 최댓값을 M, 최솟값을 m이라 할 때, $M+m=7$이다. 상수 k의 값은? (단, $k>1$)

① 2 　　② $\dfrac{5}{2}$ 　　③ 3 　　④ $\dfrac{7}{2}$ 　　⑤ 4

02 함수의 연속

정답과 풀이 6쪽

5 사잇값의 정리

(1) 사잇값의 정리

함수 $f(x)$가 닫힌구간 $[a, b]$에서 연속이고 $f(a) \neq f(b)$
이면 $f(a)$와 $f(b)$ 사이의 임의의 값 k에 대하여
$f(c) = k$인 c가 a와 b 사이에 적어도 하나 존재한다.

(2) 사잇값의 정리의 활용

함수 $f(x)$가 닫힌구간 $[a, b]$에서 연속이고 $f(a)$와 $f(b)$의
부호가 서로 다르면, 즉 $f(a)f(b) < 0$이면 사잇값의 정리에
의하여 $f(c) = 0$인 c가 열린구간 (a, b)에 적어도 하나 존재
한다.❼

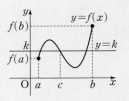
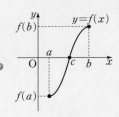

Plus

❼ 함수 $f(x)$가 닫힌구
간 $[a, b]$에서 연속이
고 $f(a)$와 $f(b)$의 부
호가 서로 다르면, 즉
$f(a)f(b) < 0$이면 방
정식 $f(x) = 0$은 a와
b 사이에 적어도 하
나의 실근을 갖지만, 실
근의 개수를 정확히
알 수는 없다.

 5 방정식 $x^3 + 2x^2 - 2 = 0$은 오직 한 실근 α를 갖는다. 이 실근 α가 존재하는 구간이 $n-1 < \alpha < n$일 때, 정수
n의 값은?

① -2 ② -1 ③ 0 ④ 1 ⑤ 2

풀이 $f(x) = x^3 + 2x^2 - 2$라 하면 함수 $f(x)$는 닫힌구간 $[0, 1]$에서 연속이고,

$f(0) = 0 + 0 - 2 = -2 (< 0)$

$f(1) = 1 + 2 - 2 = 1 (> 0)$

이므로 사잇값의 정리에 의하여 $f(\alpha) = 0$인 α가 열린구간 $(0, 1)$에 존재한다.

<u>방정식의 실근의 존재 여부는 사잇값의 정리를 이용한다.</u>

즉, 방정식 $x^3 + 2x^2 - 2 = 0$은 0과 1 사이에서 실근 α가 존재한다.

따라서 $0 < \alpha < 1$이므로 $n = 1$ **답** ④

🔵 8856-0023

 8 연속함수 $f(x)$에 대하여

$f(-2) = -1, f(-1) = 2, f(0) = 3, f(1) = -2, f(2) = 1$

일 때, 방정식 $f(x) = 0$은 적어도 n개의 실근을 갖는다. 자연수 n의 최댓값은?

① 1 ② 2 ③ 3 ④ 4 ⑤ 5

🔵 8856-0024

9 $f(1) = a - 3, f(3) = a - 5$인 다항함수 $f(x)$에 대하여 방정식 $f(x) = 0$은 중근이 아닌 단 한 개의 실근
$x = \alpha$를 갖는다. $1 < \alpha < 3$일 때, 자연수 a의 값은?

① 2 ② 3 ③ 4 ④ 5 ⑤ 6

| 연속함수 | ○ 8856-0025

1 함수 $f(x)=\begin{cases} \dfrac{x^2+3x+a}{x+1} & (x\neq-1) \\ 1 & (x=-1) \end{cases}$ 이 모든 실수 x에 대하여 연속이 되도록 하는 상수 a의 값은?

①-4 ②-2 ③$0$ ④$2$ ⑤$4$

| 연속함수 | ○ 8856-0026

2 함수 $f(x)=\begin{cases} -x & (|x|<1) \\ \dfrac{|x|}{x} & (|x|\geq1) \end{cases}$ 에 대하여 함수 $(x^2+ax+b)f(x)$는 모든 실수에서 연속이다. 두 실수 a, b에 대하여 a^2+b^2의 값은?

①$1$ ②$2$ ③$3$ ④$4$ ⑤$5$

| 함수의 연속과 불연속 | ○ 8856-0027

3 이차함수 $f(x)=x^2-4x+k$에 대하여 함수 $\dfrac{1}{f(x)}$이 실수 전체의 집합에서 연속이 되도록 하는 정수 k의 최솟값은?

①$1$ ②$2$ ③$3$ ④$4$ ⑤$5$

| 최대·최소 정리 | ○ 8856-0028

4 함수 $f(x)=\begin{cases} 1-x & (x\leq1) \\ 1-\dfrac{1}{x} & (x>1) \end{cases}$ 에 대하여 닫힌구간 $[-1,\,2]$에서 최댓값을 M, 최솟값을 m이라 할 때, $M+m$의 값은?

①$0$ ②$\dfrac{1}{2}$ ③$1$ ④$\dfrac{3}{2}$ ⑤$2$

| 사잇값의 정리 | ○ 8856-0029

5 연속함수 $f(x)$가 다음 조건을 만족시킬 때, 방정식 $f(x)=0$의 실근은 적어도 n개 존재한다. 자연수 n의 최댓값은?

> (가) 모든 실수 x에 대하여 $f(-x)=-f(x)$
> (나) $f(1)f(2)<0$, $f(2)f(3)<0$

①$3$ ②$4$ ③$5$ ④$6$ ⑤$7$

8856-0030

1 $\lim\limits_{x \to \infty} (\sqrt{x^2+2x+3} - x)$의 값은?

① 1　　② 2　　③ 3　　④ 4　　⑤ 5

8856-0032

3 함수 $y=f(x)$의 그래프가 그림과 같을 때,
$\lim\limits_{x \to 1-} f(x) + \lim\limits_{x \to -1+} f(x) + f(0)$의 값은?

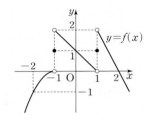

① 0　　② 1　　③ 2　　④ 3　　⑤ 4

8856-0031

2 $\lim\limits_{x \to 2} \dfrac{x^2+ax+b}{x-2} = 3$일 때, 두 상수 a, b에 대하여 $a+b$의 값은?

① -1　　② -2　　③ -3　　④ -4　　⑤ -5

8856-0033

4 다항함수 $f(x)$에 대하여
$$\lim\limits_{x \to \infty} \frac{f(x)}{x^2+x-3} = 2, \quad \lim\limits_{x \to 1} \frac{f(x)}{x^2-1} = 1$$
일 때, $f(2)$의 값은?

① -2　　② 0　　③ 2　　④ 4　　⑤ 6

5 모든 실수 x에 대하여 연속인 함수 $f(x)$가
$$(x^2+x-2)f(x)=x^3+ax+b$$
를 만족시킬 때, $f(1)$의 값은?

(단, a, b는 상수이다.)

① -2 ② -1 ③ 0 ④ 1 ⑤ 2

8856-0034

6 함수
$$f(x)=\begin{cases}\dfrac{x^2+x+a}{x-2} & (x\neq 2)\\ b & (x=2)\end{cases}$$
가 모든 실수 x에서 연속이 되도록 하는 두 상수 a, b에 대하여 $|a-b|$의 값은? (단, $b\neq 0$)

① 3 ② 5 ③ 7 ④ 9 ⑤ 11

8856-0035

7 함수 $f(x)$가 모든 실수 x에 대하여 연속이고, $f(x+2)=f(x)$를 만족시킨다. 닫힌구간 $[-1, 1]$에서 함수 $f(x)$를 다음과 같이 정의한다.
$$f(x)=\begin{cases}\sqrt{x+1} & (-1\leq x<0)\\ ax+b & (0\leq x\leq 1)\end{cases}$$
$f(2020)-f(2021)$의 값은? (단, a, b는 상수이다.)

① -2 ② -1 ③ 0 ④ 1 ⑤ 2

8856-0036

8 함수 $y=f(x)$의 그래프가 그림과 같고, 함수 $(x-a)f(x)$가 $x=2$에서 연속일 때, 상수 a의 값은?

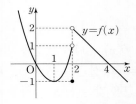

① -4 ② -2 ③ 0 ④ 2 ⑤ 4

8856-0037

9 열린구간 $(0, 6)$에서 정의된 함수 $y=f(x)$의 그래프가 그림과 같을 때, 〈보기〉에서 옳은 것만을 있는 대로 고른 것은?

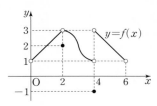

┤ 보기 ├

ㄱ. $\lim\limits_{x \to 2} f(x)=2$

ㄴ. $x=4$에서 함수 $f(x)$의 극한값은 존재하지 않는다.

ㄷ. 함수 $f(x)$가 불연속인 점이 2개이다.

① ㄱ   ② ㄴ   ③ ㄱ, ㄴ

④ ㄴ, ㄷ   ⑤ ㄱ, ㄴ, ㄷ

◐ 8856-0039

10 연속함수 $f(x)$가 다음 조건을 만족시킬 때, 방정식 $f(x)=0$의 실근은 구간 $(n, n+1)$에서 적어도 1개의 근을 갖는다. 모든 정수 n의 값의 합은?

(가) 모든 실수 x에 대하여 $f(-x)=f(x)$

(나) $f(-1)f(0)<0$, $f(1)f(2)<0$

① -2 ② -1 ③ 0 ④ 1 ⑤ 2

서술형 문항

◐ 8856-0040

11 연속함수 $f(x)$에 대하여 $f(-2)=2$, $f(-1)=-2$, $f(0)=2$, $f(1)=2$, $f(2)=-3$일 때, 방정식 $f(x)=x$는 닫힌구간 $[-2, 2]$에서 적어도 n개의 실근을 갖는다. 자연수 n의 최댓값을 구하시오.

◐ 8856-0041

12 함수
$$f(x)=\begin{cases} -x^2+2x+2 & (|x|<1) \\ ax+b & (|x| \geq 1) \end{cases}$$
가 구간 $(-\infty, \infty)$에서 연속이 되도록 하는 두 상수 a, b에 대하여 a^2+b^2의 값을 구하시오.

기출문항 변형

실수 t에 대하여 직선 $y=t$가 함수 $y=|x^2-1|$의 그래프와 만나는 점의 개수를 $f(t)$라 할 때, 함수 $(x+a)f(x)$가 열린구간 $(0, 2)$에서 연속이 되도록 하는 상수 a의 값은?

① -3 ② -1 ③ 1

④ 3 ⑤ 5

풀이

함수 $y=|x^2-1|$의 그래프는 [그림 1]과 같고, $f(t)$는 함수 $y=|x^2-1|$의 그래프와 직선 $y=t$가 만나는 점

함수 $y=x^2-1$의 그래프에서 x축 아랫부분을 x축에 대하여 대칭이동하여 그린다.

직선 $y=t$는 x축에 평행한 직선이다.

의 개수이므로 [그림 2]와 같다.

[그림 1]

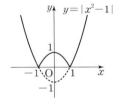

[그림 2]

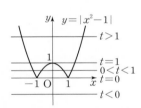

따라서 t의 값에 따라 함수 $y=f(t)$의 그래프는 다음과 같다.

$$f(t)=\begin{cases} 0 & (t<0) \\ 2 & (t=0) \\ 4 & (0<t<1) \\ 3 & (t=1) \\ 2 & (t>1) \end{cases}$$

열린구간 $(0, 2)$에서 함수 $(x+a)f(x)$가 연속이므로 함수 $(x+a)f(x)$는 $x=1$에서도 연속이다.

$g(x)=(x+a)f(x)$라 하면

$$\lim_{x\to1+} g(x) = \lim_{x\to1-} g(x) = g(1)$$

$x=1$에서 연속이려면 (우극한)=(좌극한)=(함숫값)이어야 한다.

$$\lim_{x\to1+}(x+a)f(x) = \lim_{x\to1-}(x+a)f(x) = (1+a)f(1)$$

$(1+a)\times2=(1+a)\times4=(1+a)\times3$

$2+2a=4+4a=3+3a$

따라서 $a=-1$

답 ②

⬤ 8856-0042

1 실수 t에 대하여 직선 $y=-x+t$와 원 $x^2+y^2=1$이 만나는 점의 개수를 $f(t)$라 하자. 함수 $(x^2+ax+b)f(x)$가 모든 실수 x에서 연속일 때, $a+b$의 값은? (단, a, b는 상수이다.)

① -4 ② -2 ③ 0

④ 2 ⑤ 4

⬤ 8856-0043

2 실수 t에 대하여 두 함수 $y=x^2$, $y=|x|+t$의 그래프가 만나는 점의 개수를 $f(t)$라 하자. 함수 $(x^2+ax+b)f(x)$가 모든 실수 x에서 연속일 때, $a+b$의 값은? (단, a, b는 상수이다.)

① $\dfrac{1}{16}$ ② $\dfrac{1}{8}$ ③ $\dfrac{1}{4}$

④ $\dfrac{1}{2}$ ⑤ 1

01 미분계수와 도함수

1 평균변화율

(1) 평균변화율

함수 $y=f(x)$에서 x의 값이 a에서 b까지 변할 때의
평균변화율은

$$\frac{\Delta y}{\Delta x}=\frac{f(b)-f(a)}{b-a}=\frac{f(a+\Delta x)-f(a)}{\Delta x}$$ ❶

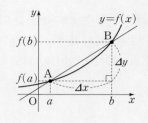

(2) 평균변화율의 기하학적 의미

함수 $y=f(x)$에서 x의 값이 a에서 b까지 변할 때의 평균변화율은 두 점
$A(a,\ f(a))$, $B(b,\ f(b))$를 지나는 직선의 기울기와 같다. ❷

Plus

❶ 함수 $y=f(x)$에서 x의 값의 변화량 $b-a$를 x의 증분, y의 값의 변화량 $f(b)-f(a)$를 y의 증분이라 하고, 기호로 각각 Δx, Δy와 같이 나타낸다.

❷ 두 점 (x_1, y_1), (x_2, y_2)를 지나는 직선의 기울기는 $\frac{y_2-y_1}{x_2-x_1}$ 이다.

 1 함수 $f(x)=x^2+1$에서 x의 값이 다음과 같이 변할 때의 평균변화율을 구하시오.

(1) 0에서 2까지

(2) a에서 $a+\Delta x$까지

풀이 (1) x의 값이 0에서 2까지 변할 때 x의 증분 Δx는 $\Delta x=2-0=2$

이때 y의 증분 Δy는 $\Delta y=f(2)-f(0)=(2^2+1)-(0^2+1)=4$

따라서 구하는 평균변화율은 $\dfrac{\Delta y}{\Delta x}=\dfrac{f(2)-f(0)}{2-0}=\dfrac{4}{2}=2$

함수 $f(x)$에서 x의 값이 0에서 2까지 변할 때의 평균변화율은
두 점 $(0,\ f(0))$, $(2,\ f(2))$를 지나는 직선의 기울기와 같다.

(2) 구하는 평균변화율은

$$\frac{\Delta y}{\Delta x}=\frac{f(a+\Delta x)-f(a)}{\Delta x}=\frac{\{(a+\Delta x)^2+1\}-(a^2+1)}{\Delta x}$$

$$=\frac{2a\Delta x+(\Delta x)^2}{\Delta x}=2a+\Delta x$$

답 (1) 2 (2) $2a+\Delta x$

○ 8856-0044

1 함수 $f(x)=x^2$에서 x의 값이 다음과 같이 변할 때의 평균변화율을 구하시오.

(1) -1에서 2까지

(2) 1에서 $1+h$까지

○ 8856-0045

2 함수 $f(x)=x^2+ax+1$에서 x의 값이 1에서 3까지 변할 때의 평균변화율이 3일 때, 상수 a의 값은?

① -3 ② -2 ③ -1 ④ 0   ⑤ 1

2 미분계수

(1) 미분계수

함수 $y=f(x)$의 $x=a$에서의 미분계수(순간변화율) $f'(a)$는

$$f'(a)=\lim_{\Delta x \to 0}\frac{\Delta y}{\Delta x}=\lim_{\Delta x \to 0}\frac{f(a+\Delta x)-f(a)}{\Delta x}$$

$$=\lim_{h \to 0}\frac{f(a+h)-f(a)}{h}=\lim_{x \to a}\frac{f(x)-f(a)}{x-a}$$ ❸

(2) 미분계수의 기하학적 의미

함수 $y=f(x)$의 $x=a$에서의 미분계수 $f'(a)$는 곡선 $y=f(x)$ 위의 점 $\mathrm{A}(a,\,f(a))$에서의 접선의 기울기를 나타낸다. ❹

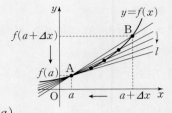

Plus

❸ $a+h=x$라 하면 $h=x-a$이고 $h \to 0$일 때 $x \to a$이므로

$$\lim_{h \to 0}\frac{f(a+h)-f(a)}{h}$$
$$=\lim_{x \to a}\frac{f(x)-f(a)}{x-a}$$

가 성립한다.

❹ 점 A를 고정하고 $\Delta x \to 0$이면 점 B는 곡선 $y=f(x)$를 따라 점 A에 한없이 가까워지고, 직선 AB는 기울기가 $\lim_{\Delta x \to 0}\frac{\Delta y}{\Delta x}$이면서 곡선 $y=f(x)$ 위의 점 A에서의 접선 l에 한없이 가까워진다.

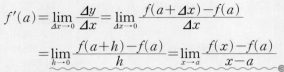 **예제 2** 함수 $f(x)=x^2+x+1$에 대하여 다음을 구하시오.

(1) $f'(1)$ (2) $\displaystyle\lim_{h \to 0}\frac{f(1+2h)-f(1)}{h}$

풀이 (1) $f'(1)=\displaystyle\lim_{h \to 0}\frac{f(1+h)-f(1)}{h}=\lim_{h \to 0}\frac{\{(1+h)^2+(1+h)+1\}-(1^2+1+1)}{h}$

$=\displaystyle\lim_{h \to 0}\frac{h^2+3h}{h}=\lim_{h \to 0}\frac{h(h+3)}{h}=\lim_{h \to 0}(h+3)=3$

분자를 인수분해한 후 약분하여 극한값을 구한다.

(2) $\displaystyle\lim_{h \to 0}\frac{f(1+2h)-f(1)}{h}=\lim_{h \to 0}\frac{f(1+2h)-f(1)}{2h}\times 2=2f'(1)=2\times 3=6$

$\displaystyle\lim_{\blacklozenge \to 0}\frac{f(a+\blacklozenge)-f(a)}{\blacklozenge}=f'(a)$에서 분모, 분자의 ◆가 같아야 한다.

답 (1) 3   (2) 6

[다른 풀이] (1) $f'(1)=\displaystyle\lim_{x \to 1}\frac{f(x)-f(1)}{x-1}=\lim_{x \to 1}\frac{(x^2+x+1)-(1^2+1+1)}{x-1}=\lim_{x \to 1}\frac{x^2+x-2}{x-1}$

$=\displaystyle\lim_{x \to 1}\frac{(x-1)(x+2)}{x-1}=\lim_{x \to 1}(x+2)=3$

○ 8856-0046

유제 3 함수 $f(x)=-x^2+1$에 대하여 다음을 구하시오.

(1) $f'(2)$ (2) $\displaystyle\lim_{h \to 0}\frac{f(2+2h)-f(2-h)}{h}$

○ 8856-0047

4 곡선 $y=-x^2+3x$ 위의 점 $(3,\,0)$에서 접선의 기울기는?

① -4 ② -3 ③ -2 ④ -1 ⑤ 0

3 미분가능성과 연속성

(1) 미분가능

① 함수 $f(x)$에 대하여 $x=a$에서의 미분계수 $f'(a)$가 존재하면 함수 $f(x)$는 $x=a$에서 미분가능하다고 한다.

② 함수 $f(x)$가 어떤 열린구간에 속하는 모든 x에서 미분가능하면 함수 $f(x)$는 그 구간에서 미분가능하다고 한다.

③ 함수 $f(x)$가 정의역에 속하는 모든 x에서 미분가능하면 함수 $f(x)$는 미분가능한 함수라고 한다.

(2) 미분가능성과 연속성

① 함수 $f(x)$가 $x=a$에서 미분가능하면 함수 $f(x)$는 $x=a$에서 연속이다.

② ①의 역은 성립하지 않는다.

즉, 함수 $f(x)$가 $x=a$에서 연속이지만 미분가능하지 않은 경우가 있다.

Plus

◉ 명제의 대우도 성립한다. 즉, 함수 $f(x)$가 $x=a$에서 연속이 아니면 함수 $f(x)$는 $x=a$에서 미분가능하지 않다.

◉ $f(x)=|x|$는 $x=0$에서 연속이지만 $x=0$에서 미분가능하지 않다. ($f'(0)$이 존재하지 않는다.)

 3 함수 $f(x)=|x-1|$에 대하여 $x=1$에서의 연속성과 미분가능성을 조사하시오.

풀이 $f(1)=0$이고 $\lim\limits_{x \to 1} f(x)=\lim\limits_{x \to 1}|x-1|=0$이므로 $\lim\limits_{x \to 1} f(x)=f(1)$이다.

즉, 함수 $f(x)=|x-1|$은 $x=1$에서 연속이다. 그런데

　　$f(x)$가 $x=a$에서 정의되어 있고 $\lim\limits_{x \to a} f(x)$가 존재하고, $\lim\limits_{x \to a} f(x)=f(a)$를 만족시키면 함수 $f(x)$는 $x=a$에서 연속이다.

$\lim\limits_{x \to 1+} \dfrac{f(x)-f(1)}{x-1} = \lim\limits_{x \to 1+} \dfrac{|x-1|}{x-1} = \lim\limits_{x \to 1+} \dfrac{x-1}{x-1} = 1$　$|x-1|=\begin{cases} x-1 & (x \geq 1) \\ -(x-1) & (x<1) \end{cases}$

$\lim\limits_{x \to 1-} \dfrac{f(x)-f(1)}{x-1} = \lim\limits_{x \to 1-} \dfrac{|x-1|}{x-1} = \lim\limits_{x \to 1-} \dfrac{-(x-1)}{x-1} = -1$

$\lim\limits_{x \to 1+} \dfrac{f(x)-f(1)}{x-1} \neq \lim\limits_{x \to 1-} \dfrac{f(x)-f(1)}{x-1}$ 이므로 $f'(1)$이 존재하지 않는다.

즉, 함수 $f(x)$는 $x=1$에서 미분가능하지 않다.　$f'(a)=\lim\limits_{x \to a} \dfrac{f(x)-f(a)}{x-a}$

따라서 함수 $f(x)=|x-1|$은 $x=1$에서 연속이지만 미분가능하지 않다.

📄 함수 $f(x)$는 $x=1$에서 연속이지만 미분가능하지 않다.

 유제

○ 8856-0048

5 함수 $f(x)=\begin{cases} 2x-2 & (x<2) \\ x^2-x & (x \geq 2) \end{cases}$ 에 대하여 $x=2$에서의 연속성과 미분가능성을 조사하시오.

4 도함수

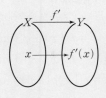

Plus

❼ $y=f(x)$의 도함수를 나타낼 때, $f'(x)$, y', $\dfrac{dy}{dx}$, $\dfrac{d}{dx}f(x)$와 같이 나타내기도 한다.

(1) 도함수

미분가능한 함수 $y=f(x)$의 정의역의 임의의 원소 x에 대하여 미분계수 $f'(x)$를 대응시키는 새로운 함수를 함수 $f(x)$의 도함수라 하고, 기호로 $f'(x)$와 같이 나타낸다.❼

즉, $f'(x)=\lim\limits_{h\to 0}\dfrac{f(x+h)-f(x)}{h}=\lim\limits_{t\to x}\dfrac{f(t)-f(x)}{t-x}$

또, 함수 $y=f(x)$에서 그 도함수 $f'(x)$를 구하는 것을 함수 $f(x)$를 x에 대하여 미분한다고 하며, 그 계산법을 미분법이라 한다.

(2) 함수 $y=x^n$ (n은 양의 정수)과 상수함수 $y=c$의 도함수

① $y=x^n$ ($n\geq 2$인 정수)이면 $y'=nx^{n-1}$
② $y=x$이면 $y'=1$
③ $y=c$ (c는 상수)이면 $y'=0$

예제 4 도함수의 정의를 이용하여 $f(x)=x^2-x$의 도함수를 구하시오.

풀이 $f'(x)=\lim\limits_{h\to 0}\dfrac{f(x+h)-f(x)}{h}=\lim\limits_{h\to 0}\dfrac{\{(x+h)^2-(x+h)\}-(x^2-x)}{h}$

$=\lim\limits_{h\to 0}\dfrac{2hx+h^2-h}{h}=\lim\limits_{h\to 0}\dfrac{h(2x+h-1)}{h}=\lim\limits_{h\to 0}(2x+h-1)=2x-1$ 　　📋 $f'(x)=2x-1$

분자를 인수분해한 후 약분하여 극한을 구한다.

[다른 풀이] $f'(x)=\lim\limits_{t\to x}\dfrac{f(t)-f(x)}{t-x}=\lim\limits_{t\to x}\dfrac{(t^2-t)-(x^2-x)}{t-x}=\lim\limits_{t\to x}\dfrac{(t-x)(t+x)-(t-x)}{t-x}$

$=\lim\limits_{t\to x}\dfrac{(t-x)(t+x-1)}{t-x}=\lim\limits_{t\to x}(t+x-1)=2x-1$

● 8856-0049

6 도함수의 정의를 이용하여 $f(x)=-2x^2+4x$의 도함수를 구하고, 함수 $f(x)$의 $x=1$에서의 미분계수를 구하시오.

● 8856-0050

7 다음 함수의 도함수를 구하시오.

(1) $f(x)=x^5$ 　　　　　　　　(2) $f(x)=10^2$

(3) $y=x^{100}$ 　　　　　　　　(4) $y=-\dfrac{1}{10}$

5 함수의 실수배, 합, 차, 곱의 미분법

두 함수 $f(x)$와 $g(x)$가 미분가능할 때, 다음이 성립한다.

① $y=cf(x)$이면 $y'=cf'(x)$ (단, c는 상수)

② $y=f(x)+g(x)$이면 $y'=f'(x)+g'(x)$

③ $y=f(x)-g(x)$이면 $y'=f'(x)-g'(x)$

④ $y=f(x)g(x)$이면 $y'=f'(x)g(x)+f(x)g'(x)$

참고 $y=\{f(x)\}^2$의 미분

$y=\{f(x)\}^2=f(x)\times f(x)$이므로 곱의 미분법에 의하여

$\quad y'=f'(x)f(x)+f(x)f'(x)=2f'(x)f(x)$

> **Plus**
>
> ⑤ 세 함수의 곱의 미분법
> 세 함수 $f(x)$, $g(x)$, $h(x)$가 미분가능할 때,
> $y=f(x)g(x)h(x)$
> 이면
> $y'=f'(x)g(x)h(x)$
> $\quad+f(x)g'(x)h(x)$
> $\quad+f(x)g(x)h'(x)$

 5 다음 함수를 미분하시오.

(1) $y=-2x^3+4x^2-x+1$

(2) $y=(3x-1)(-x^2+x)$

풀이 (1) $y'=(-2x^3)'+(4x^2)'+(-x)'+(1)'=-6x^2+8x-1$

(2) $y'=\underline{(3x-1)'(-x^2+x)+(3x-1)(-x^2+x)'}$
$\qquad \underset{(3x-1)'=(3x)'-(1)',\ (-x^2+x)'=-(x^2)'+(x)'}{}$

$\quad =3(-x^2+x)+(3x-1)(-2x+1)$

$\quad =-3x^2+3x-6x^2+5x-1$

$\quad =-9x^2+8x-1$

답 (1) $y'=-6x^2+8x-1$ (2) $y'=-9x^2+8x-1$

[다른 풀이] 식을 전개하여 정리한 후 미분한다.

$y=(3x-1)(-x^2+x)=-3x^3+4x^2-x$이므로

$y'=-9x^2+8x-1$

○ 8856-0051

8 다음 함수를 미분하시오.

(1) $y=-\dfrac{1}{3}x^3+\dfrac{1}{2}x^2+3x$

(2) $y=4x^2(x^2-x+1)$

○ 8856-0052

9 함수 $y=x^2(x+1)(x-1)$을 미분하시오.

| 평균변화율 |

8856-0053

1 함수 $f(x)=x^2-2x$에서 x의 값이 -1에서 a까지 변할 때의 평균변화율이 7일 때, 상수 a의 값은?

(단, $a>-1$)

① 2   ② 4   ③ 6   ④ 8   ⑤ 10

| 미분계수 |

8856-0054

2 함수 $f(x)=2x^2+ax+b$의 그래프 위의 점 $(1, 4)$에서의 접선의 기울기가 2일 때, 두 상수 a, b에 대하여 ab의 값은?

① -14 ② -12 ③ -10 ④ -8 ⑤ -6

| 미분가능성과 연속성 |

8856-0055

3 함수 $f(x)=\begin{cases} ax^2 & (x\leq 1) \\ 2x+b & (x>1) \end{cases}$가 $x=1$에서 미분가능할 때, 두 상수 a, b에 대하여 $a+b$의 값은?

① 0   ② 1   ③ 2   ④ 3   ⑤ 4

| 도함수 |

8856-0056

4 함수 $f(x)=ax^3+3x^2-ax-3$에 대하여 $f'(1)=10$일 때, 상수 a의 값은?

① 1   ② 2   ③ 3   ④ 4   ⑤ 5

| 함수의 실수배, 합, 차, 곱의 미분법 |

8856-0057

5 미분가능한 함수 $f(x)$가 $f(2)=3$, $f'(2)=-1$을 만족시킬 때, 함수 $g(x)=(x^3+1)f(x)$에 대하여 $g'(2)$의 값은?

① 18   ② 21   ③ 24   ④ 27   ⑤ 30

02 도함수의 활용 (1)

1 접선의 방정식 (1)

(1) 함수 $f(x)$가 $x=a$에서 미분가능할 때 곡선 $y=f(x)$ 위의 점 $(a, f(a))$에서의 접선의 방정식은

$$y-f(a)=f'(a)(x-a)$$

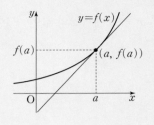

(2) 곡선 $y=f(x)$에 접하고, 기울기가 m인 접선의 방정식
 ① 접점의 좌표를 $(a, f(a))$로 놓는다.
 ② 미분계수 $f'(a)$가 접선의 기울기이므로 $f'(a)=m$을 만족시키는 a의 값을 구한다.
 ③ 접점의 좌표 $(a, f(a))$와 기울기 m을 이용하여 접선의 방정식을 구한다.

$$y-f(a)=m(x-a)$$

Plus

❶ 곡선 $y=f(x)$ 위의 점 $(a, f(a))$에서의 접선의 기울기는 $x=a$에서의 미분계수 $f'(a)$와 같다.
❷ 기울기가 m이고 점 (a, b)를 지나는 직선의 방정식은
$$y-b=m(x-a)$$

예제 1 다음을 구하시오.

(1) 곡선 $y=x^3$ 위의 점 $(-1, -1)$에서의 접선의 방정식
(2) 곡선 $y=-x^2+4x$에 접하고 기울기가 -2인 접선의 방정식

풀이 (1) $f(x)=x^3$이라 하면 $f'(x)=3x^2$

점 $(-1, -1)$에서 접선의 기울기는 $f'(-1)=3$

<small>곡선 $y=f(x)$ 위의 점 $(a, f(a))$에서의 접선의 기울기는 $f'(a)$이다.</small>

따라서 구하는 접선의 방정식은 $y+1=3(x+1)$, 즉 $y=3x+2$

<small>기울기가 m이고 한 점 (a, b)를 지나는 직선의 방정식은 $y-b=m(x-a)$이다.</small>

(2) $f(x)=-x^2+4x$라 하면 $f'(x)=-2x+4$

접점의 좌표를 $(a, f(a))$라고 하면 접선의 기울기가 -2이므로 $f'(a)=-2a+4=-2$, $a=3$

<small>곡선 $y=f(x)$ 위의 점 $(a, f(a))$에서의 접선의 기울기는 $f'(a)$이다.</small>

이때 $f(3)=3$이므로 구하는 접선은 점 $(3, 3)$을 지나고 기울기가 -2인 직선이다.

따라서 구하는 접선의 방정식은 $y-3=-2(x-3)$, 즉 $y=-2x+9$ **답** (1) $y=3x+2$ (2) $y=-2x+9$

🔗 8856-0058

1 곡선 $y=x^2-x+1$ 위의 점 $(2, 3)$에서의 접선의 방정식이 $y=ax+b$일 때, 두 상수 a, b에 대하여 $a+b$의 값은?

   ① -2 ② -1 ③ 0 ④ 1 ⑤ 2

🔗 8856-0059

2 곡선 $y=x^3-3x^2$에 접하고 기울기가 -3인 접선의 방정식을 구하시오.

2 접선의 방정식 (2)

곡선 $y=f(x)$ 밖의 점 $(x_1,\ y_1)$에서 그은 접선의 방정식
① 접점의 좌표를 $(a,\ f(a))$로 놓는다.
② 미분계수 $f'(a)$가 접선의 기울기이므로 접선의 방정식은
$y-f(a)=f'(a)(x-a)$이다.
③ 접선이 점 $(x_1,\ y_1)$을 지나므로 접선의 방정식
$y-f(a)=f'(a)(x-a)$에 주어진 점 $(x_1,\ y_1)$을 대입하
여 a의 값을 구한다.
④ a의 값을 접선의 방정식 $y-f(a)=f'(a)(x-a)$에 대입하여 접선의 방정식을 구
한다.

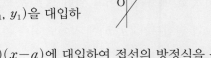

예제 2 점 $(0,\ 4)$에서 곡선 $y=-x^2$에 그은 접선의 방정식을 구하시오.

풀이 접점의 x좌표를 a라고 하면 접점의 좌표는 $(a,\ -a^2)$이다.
$f(x)=-x^2$이라 하면 $f'(x)=-2x$이므로
점 $(a,\ -a^2)$에서 접선의 기울기는 $f'(a)=-2a$
즉, 접점 $(a,\ -a^2)$에서의 접선의 방정식은 $y+a^2=-2a(x-a)$, $y=-2ax+a^2$ ……㉠
　기울기가 m이고 한 점 $(a,\ b)$를 지나는 직선의 방정식은 $y-b=m(x-a)$이다.
이 접선이 $(0,\ 4)$를 지나므로 $4=a^2$, $a=-2$ 또는 $a=2$
　$x=0$, $y=4$를 대입한다.
따라서 구하는 접선의 방정식은 $y=4x+4$ 또는 $y=-4x+4$　　📋 $y=4x+4$ 또는 $y=-4x+4$
　㉠에 $a=-2$를 대입한다. 　㉠에 $a=2$를 대입한다.

유제

🔵 8856-0060

3 점 $(0,\ -5)$에서 곡선 $y=x^2-4$에 그은 접선의 방정식을 구하시오.

🔵 8856-0061

4 점 $(1,\ 7)$에서 곡선 $y=-x^2+x+3$에 그은 두 접선의 기울기를 각각 m_1, m_2라 할 때, m_1+m_2의 값은?

① -2　　　② -1　　　③ 0　　　④ 1　　　⑤ 2

3 평균값 정리

(1) 롤의 정리

함수 $f(x)$가 닫힌구간 $[a, b]$에서 연속이고 열린구간 (a, b)에서 미분가능할 때, ⑤
$f(a)=f(b)$이면 $f'(c)=0$인 c가 열린구간 (a, b)에 적어도 하나 존재한다.

(2) 평균값 정리

함수 $f(x)$가 닫힌구간 $[a, b]$에서 연속이고 열린구간 (a, b)에서 미분가능하면
$$\frac{f(b)-f(a)}{b-a}=f'(c)$$인 c가 열린구간 (a, b)에 적어도 하나 존재한다.

(3) 평균값 정리의 기하학적 의미

$\dfrac{f(b)-f(a)}{b-a}$ 는 곡선 $y=f(x)$ 위의 두 점

A$(a, f(a))$, B$(b, f(b))$를 지나는 직선의 기울기이고,
$f'(c)$는 곡선 $y=f(x)$ 위의 점 $(c, f(c))$에서의 접선
의 기울기이다. 따라서 평균값 정리는 열린구간
(a, b)에서 직선 AB와 평행한 곡선 $y=f(x)$의 접선
이 적어도 하나 존재함을 의미한다.

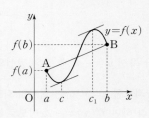

Plus

⑤ 롤의 정리에서 함수 $f(x)$가 열린구간 (a, b)에서 미분가능 하지 않으면 $f'(c)=0$ 인 c가 존재하지 않을 수도 있다.

⑩ $f(x)=|x|$는 닫힌 구간 $[-1, 1]$에서 연속이고 $f(-1)=f(1)$이지 만 $x=0$에서 미분 가능하지 않다. 이 때 $f'(c)=0$인 c가 -1과 1 사이에 존 재하지 않는다.

예제 3 다음을 구하시오.

(1) 함수 $f(x)=-x^2+2x$에 대하여 닫힌구간 $[0, 2]$에서 롤의 정리를 만족시키는 실수 c의 값

(2) 함수 $f(x)=x^3-x$에 대하여 닫힌구간 $[0, 2]$에서 평균값 정리를 만족시키는 실수 c의 값

풀이 (1) 함수 $f(x)=-x^2+2x$는 닫힌구간 $[0, 2]$에서 연속이고 열린구간 $(0, 2)$에서 미분가능하며
$f(0)=f(2)=0$이다. 따라서 롤의 정리에 의해 $f'(c)=0$인 c가 열린구간 $(0, 2)$에 적어도 하나 존재한다.
$f'(x)=-2x+2$에서 $f'(c)=-2c+2=0$이므로 $c=1$

(2) 함수 $f(x)=x^3-x$는 닫힌구간 $[0, 2]$에서 연속이고 열린구간 $(0, 2)$에서 미분가능하므로 평균값 정리에 의
해 $\dfrac{f(2)-f(0)}{2-0}=f'(c)$인 c가 열린구간 $(0, 2)$에 적어도 하나 존재한다.

그런데 $f(0)=0$, $f(2)=6$, $f'(c)=3c^2-1$이므로 $\dfrac{6-0}{2-0}=3c^2-1$에서 $3c^2-1=3$, $c^2=\dfrac{4}{3}$

$0<c<2$이므로 $c=\dfrac{2}{\sqrt{3}}=\dfrac{2\sqrt{3}}{3}$

답 (1) 1 (2) $\dfrac{2\sqrt{3}}{3}$

유제

○ 8856-0062

5 함수 $f(x)=x^2-6x+8$에 대하여 닫힌구간 $[0, 6]$에서 롤의 정리를 만족시키는 실수 c의 값은?

① 1   ② 2   ③ 3   ④ 4   ⑤ 5

○ 8856-0063

6 함수 $f(x)=-x^3$에 대하여 닫힌구간 $[0, 3]$에서 평균값 정리를 만족시키는 실수 c의 값은?

① 1   ② $\sqrt{2}$ ③ $\sqrt{3}$ ④ 2   ⑤ $\sqrt{5}$

4 함수의 증가와 감소

(1) 함수의 증가, 감소

함수 $f(x)$가 어떤 구간에 속하는 임의의 두 실수 x_1, x_2에 대하여

① $x_1 < x_2$일 때 $f(x_1) < f(x_2)$이면 $f(x)$는 이 구간에서 증가한다고 한다.

② $x_1 < x_2$일 때 $f(x_1) > f(x_2)$이면 $f(x)$는 이 구간에서 감소한다고 한다.

(2) 도함수의 부호와 함수의 증가, 감소

함수 $f(x)$가 어떤 열린구간에서 미분가능할 때, 이 구간에 속하는 모든 실수 x에 대하여

① $f'(x) > 0$이면 $f(x)$는 그 구간에서 증가한다.

② $f'(x) < 0$이면 $f(x)$는 그 구간에서 감소한다.

③ ①, ②의 역은 성립하지 않는다.

(3) 함수가 증가, 감소할 조건

함수 $f(x)$가 어떤 열린구간에서 미분가능할 때

① $f(x)$가 이 구간에서 증가하면 그 구간의 모든 실수 x에 대하여 $f'(x) \geq 0$이다.

② $f(x)$가 이 구간에서 감소하면 그 구간의 모든 실수 x에 대하여 $f'(x) \leq 0$이다.

③ ①, ②의 역은 성립하지 않는다.

Plus

❻ $f(x) = -x^3$은 모든 실수에서 감소하지만 $f'(0) = 0$이다.

❼ $f(x) = c$ (c는 상수)는 모든 실수에서 $f'(x) \geq 0$이지만 $f(x)$는 모든 실수에서 증가하지 않는다.

예제 4 함수 $f(x) = x^3 - \dfrac{9}{2}x^2 + 6x + \dfrac{1}{2}$ 의 증가와 감소를 조사하시오.

풀이 $f'(x) = 3x^2 - 9x + 6 = 3(x^2 - 3x + 2) = 3(x-1)(x-2)$

$f'(x) = 0$에서 $x=1$ 또는 $x=2$

$f'(x)$의 부호를 조사하여 $f(x)$의 증가와 감소를 표로 나타내면 다음과 같다.

x	$\cdots$	1	$\cdots$	2	$\cdots$
$f'(x)$	+	0	−	0	+
$f(x)$	↗	3	↘	$\dfrac{5}{2}$	↗

따라서 함수 $f(x)$는 구간 $(-\infty, 1]$, $[2, \infty)$에서 증가하고, 구간 $[1, 2]$에서 감소한다.

$f'(x) = 0$을 만족시키는 x의 값은 증가하는 구간과 감소하는 구간에 모두 포함될 수 있다.

🖹 함수 $f(x)$는 구간 $(-\infty, 1]$, $[2, \infty)$에서 증가하고, 구간 $[1, 2]$에서 감소한다.

유제

◐ 8856-0064

7 다음 함수의 증가와 감소를 조사하시오.

(1) $f(x) = -x^3 + 12x + 1$　　　　　　(2) $f(x) = x^4 - 4x - 1$

◐ 8856-0065

8 함수 $f(x) = x^3 + ax^2 + 2ax + 1$이 모든 실수 x에서 증가하도록 하는 모든 정수 a의 개수는?

① 4　　　　② 5　　　　③ 6　　　　④ 7　　　　⑤ 8

5 함수의 극대와 극소

(1) 함수의 극대, 극소

함수 $f(x)$에서 $x=a$를 포함하는 어떤 열린구간에 속하는 모든 x에 대하여

① $f(x)\leq f(a)$이면 함수 $f(x)$는 $x=a$에서 극대라 하고, 그때의 함숫값 $f(a)$를 극댓값이라 한다.

② $f(x)\geq f(a)$이면 함수 $f(x)$는 $x=a$에서 극소라 하고, 그때의 함숫값 $f(a)$를 극솟값이라 한다.

③ 극댓값과 극솟값을 통틀어 극값이라 한다.

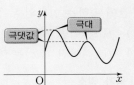

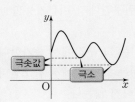

(2) 극값과 미분계수

① 함수 $f(x)$가 $x=a$에서 미분가능하고 $x=a$에서 극값을 가지면 $f'(a)=0$이다.

② ①의 역은 성립하지 않는다.

(3) 도함수를 이용한 극대, 극소의 판정

미분가능한 함수 $f(x)$에 대하여 $f'(a)=0$이고, $x=a$의 좌우에서 $f'(x)$의 부호가

① 양에서 음으로 바뀌면 $f(x)$는 $x=a$에서 극대이고, 극댓값 $f(a)$를 갖는다.

② 음에서 양으로 바뀌면 $f(x)$는 $x=a$에서 극소이고, 극솟값 $f(a)$를 갖는다.

 5 함수 $f(x)=x^3-3x+2$의 극값을 구하시오.

풀이 $f'(x)=3x^2-3=3(x+1)(x-1)$

$f'(x)=0$에서 $x=-1$ 또는 $x=1$

$f'(x)$의 부호를 조사하여 $f(x)$의 증가와 감소를 표로 나타내면 다음과 같다.

x	$\cdots$	-1	$\cdots$	1	$\cdots$
$f'(x)$	$+$	0	$-$	0	$+$
$f(x)$	↗	4	↘	0	↗

따라서 함수 $f(x)$는 $x=-1$에서 극대이고 극댓값은 $f(-1)=4$, $x=1$에서 극소이고 극솟값은 $f(1)=0$이다.

$x=-1$의 좌우에서 $f'(x)$의 부호가 양에서 음으로 바뀐다. $x=1$의 좌우에서 $f'(x)$의 부호가 음에서 양으로 바뀐다.

답 극댓값: 4, 극솟값: 0

○ 8856-0066

9 함수 $f(x)=ax^3+3x^2+bx+5$가 $x=2$에서 극댓값 25를 가질 때, 두 상수 a, b의 값을 구하시오.

○ 8856-0067

10 함수 $f(x)=-2x^3+9x^2-12x+a$의 극솟값이 0일 때, 극댓값은? (단, a는 상수이다.)

① 1   ② 2   ③ 3   ④ 4   ⑤ 5

| 접선의 방정식 |

8856-0068

1 곡선 $y=x^3-2x^2+3$ 위의 점 $(1, 2)$에서의 접선과 x축, y축으로 둘러싸인 부분의 넓이는?

① $\dfrac{5}{2}$ ② 3 ③ $\dfrac{7}{2}$ ④ 4 ⑤ $\dfrac{9}{2}$

| 접선의 방정식 |

8856-0069

2 점 $(0, 2)$에서 곡선 $y=x^3-2x$에 그은 접선이 점 $(k, 0)$을 지날 때, 상수 k의 값은?

① -6 ② -5 ③ -4 ④ -3 ⑤ -2

| 평균값 정리 |

8856-0070

3 함수 $f(x)=-x^3+4x$에 대하여 닫힌구간 $[-3, 3]$에서 평균값 정리를 만족시키는 모든 실수 c의 값의 곱은?

① -5 ② -4 ③ -3 ④ -2 ⑤ -1

| 함수의 증가와 감소 |

8856-0071

4 함수 $f(x)=-x^3+ax^2+bx-5$가 증가하는 구간이 $[-1, 3]$일 때, 두 상수 a, b에 대하여 $a+b$의 값은?

① 11 ② 12 ③ 13 ④ 14 ⑤ 15

| 함수의 극대와 극소 |

8856-0072

5 함수 $f(x)=4x^3+6x^2-24x+a$의 극댓값, 극솟값을 각각 M, m이라 할 때, $M+m=20$을 만족시키는 상수 a의 값은?

① -3 ② -2 ③ -1 ④ 0 ⑤ 1

03 도함수의 활용 (2)

1 함수의 그래프

미분가능한 함수 $y=f(x)$의 그래프의 개형은 다음과 같이 그릴 수 있다.

① 도함수 $f'(x)$를 구하고 $f'(x)=0$인 x의 값을 구한다.

② $f'(x)$의 부호를 조사하여 $f(x)$의 증가와 감소를 표로 나타내고, 함수 $f(x)$의 극대와 극소를 조사한다.

③ 함수 $y=f(x)$의 그래프의 x축, y축과의 교점을 구한다.

④ 함수 $y=f(x)$의 그래프의 개형을 그린다.

예제 1 함수 $f(x)=2x^3-6x^2+2$의 그래프의 개형을 그리시오.

풀이 $f'(x)=6x^2-12x=6x(x-2)$

$f'(x)=0$에서 $x=0$ 또는 $x=2$

$f'(x)$의 부호를 조사하여 $f(x)$의 증가와 감소를 표로 나타내면 다음과 같다.

x	$\cdots$	0	$\cdots$	2	$\cdots$
$f'(x)$	$+$	0	$-$	0	$+$
$f(x)$	↗	2	↘	-6	↗

따라서 함수 $f(x)$는

$x=0$에서 극대이고 극댓값은 $f(0)=2$

$x=2$에서 극소이고 극솟값은 $f(2)=-6$

$f(0)=2$이므로 y축과의 교점의 좌표는 $(0, 2)$이다.
　　　　　　y축$(x=0)$

함수 $f(x)$의 그래프의 개형은 그림과 같다.

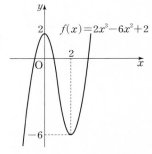

🔲 풀이 참조

유제

🔵 8856-0073

1 함수 $f(x)=-x^3+6x$의 그래프의 개형을 그리시오.

🔵 8856-0074

2 최고차항의 계수가 1인 삼차함수 $y=f(x)$의 도함수 $y=f'(x)$의 그래프가 그림과 같다. 함수 $f(x)$의 극솟값이 0일 때, 극댓값은? (단, $f'(-2)=f'(2)=0$)

① 24　　　　② 26　　　　③ 28

④ 30　　　　⑤ 32

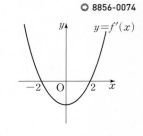

2 함수의 최댓값과 최솟값

함수 $y=f(x)$가 닫힌구간 $[a, b]$에서 연속이면 최대·최소 정리에 의하여 함수 $f(x)$는 이 구간에서 반드시 최댓값과 최솟값을 가지며 다음과 같은 방법으로 구한다. ③
① 닫힌구간 $[a, b]$에서 함수 $y=f(x)$의 극댓값과 극솟값을 구한다.
② 닫힌구간 $[a, b]$에서 양 끝점의 함숫값 $f(a)$, $f(b)$를 구한다.
③ ①, ②에서 구한 극댓값, 극솟값, $f(a)$, $f(b)$ 중에서 가장 큰 값이 최댓값이고 가장 작은 값이 최솟값이다. ④

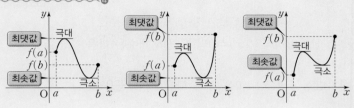

Plus

③ 함수 $y=f(x)$가 닫힌 구간 $[a, b]$에서 연속일 때, 구간 $[a, b]$에서 $f(x)$가 가질 수 있는 값 중에서 가장 큰 값을 최댓값, 가장 작은 값을 최솟값이라고 한다.

④ 극댓값과 극솟값이 반드시 최댓값과 최솟값이 되는 것은 아니다.

 2 닫힌구간 $[-3, 2]$에서 함수 $f(x)=x^3+3x^2-1$의 최댓값과 최솟값을 구하시오.

풀이 $f'(x)=3x^2+6x=3x(x+2)$

$f'(x)=0$에서 $x=-2$ 또는 $x=0$

닫힌구간 $[-3, 2]$에서 $f'(x)$의 부호를 조사하여 $f(x)$의 증가와 감소를 표로 나타내면 다음과 같다.

x	-3	$\cdots$	-2	$\cdots$	0	$\cdots$	2
$f'(x)$		$+$	0	$-$	0	$+$	
$f(x)$	-1	$\nearrow$	3	$\searrow$	-1	$\nearrow$	19

구간의 양 끝점에서 함숫값은 $f(-3)=-1$, $f(2)=19$이고 극댓값은 $f(-2)=3$, 극솟값은 $f(0)=-1$이다.

따라서 함수 $f(x)$는 $x=0$ (또는 $x=-3$)일 때 최솟값 -1, $x=2$일 때 최댓값 19를 갖는다.

구간의 양 끝점에서의 함숫값과 극댓값, 극솟값 중에서 가장 큰 값이 최댓값, 가장 작은 값이 최솟값이다.

답 최댓값: 19, 최솟값: -1

○ 8856-0075

3 닫힌구간 $[-1, 2]$에서 함수 $f(x)=x^4-8x^2+2$의 최댓값과 최솟값을 각각 M, m이라고 할 때, $M+m$의 값은?

① -12 ② -10 ③ -8 ④ -6 ⑤ -4

○ 8856-0076

4 닫힌구간 $[-2, 3]$에서 함수 $f(x)=-x^3+3x^2+9x+a$의 최댓값이 17일 때, 최솟값은? (단, a는 상수이다.)

① -30 ② -25 ③ -20 ④ -15 ⑤ -10

03 도함수의 활용 (2)

3 방정식에의 활용

(1) 방정식 $f(x)=0$의 서로 다른 실근의 개수

방정식 $f(x)=0$의 서로 다른 실근의 개수는 함수 $y=f(x)$의 그래프와 x축의 교점의 개수와 같다.

(2) 방정식 $f(x)=g(x)$의 서로 다른 실근의 개수

방정식 $f(x)=g(x)$의 서로 다른 실근의 개수는 두 함수 $y=f(x)$, $y=g(x)$의 그래프의 교점의 개수와 같다.

(3) 삼차방정식의 실근의 개수

삼차함수 $y=f(x)$가 극값을 가질 때, 삼차방정식 $f(x)=0$의 실근의 개수는 다음과 같다.

① (극댓값)×(극솟값)<0이면 삼차방정식 $f(x)=0$은 서로 다른 세 실근을 갖는다.

② (극댓값)×(극솟값)=0이면 삼차방정식 $f(x)=0$은 중근과 다른 한 실근을 갖는다.

③ (극댓값)×(극솟값)>0이면 삼차방정식 $f(x)=0$은 오직 하나의 실근을 갖는다.

> **Plus**
> ⑤ $h(x)=f(x)-g(x)$로 놓고 방정식 $h(x)=0$의 서로 다른 실근의 개수를 구할 수도 있다.
> ⑥ 방정식 $f(x)=g(x)$의 실근은 두 함수 $y=f(x)$, $y=g(x)$의 그래프의 교점의 x좌표와 같다.

예제 3 방정식 $x^3+3x^2-9x=0$의 서로 다른 실근의 개수를 구하시오.

풀이 $f(x)=x^3+3x^2-9x$라고 하면 $f'(x)=3x^2+6x-9=3(x^2+2x-3)=3(x+3)(x-1)$이므로

$f'(x)=0$에서 $x=-3$ 또는 $x=1$

$f'(x)$의 부호를 조사하여 $f(x)$의 증가와 감소를 표로 나타내고, 그 그래프의 개형을 그리면 다음과 같다.

x	$\cdots$	-3	$\cdots$	1	$\cdots$
$f'(x)$	$+$	0	$-$	0	$+$
$f(x)$	↗	27	↘	-5	↗

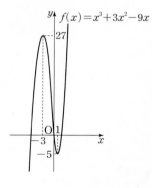

함수 $y=f(x)$의 그래프가 x축과 서로 다른 세 점에서 만나므로 주어진 방정식의 서로 다른 실근의 개수는 3이다. **답** 3

○ 8856-0077

5 방정식 $-4x^3+12x^2-3=k$가 서로 다른 세 실근을 갖도록 하는 모든 정수 k의 개수는?

① 14   ② 15   ③ 16   ④ 17   ⑤ 18

○ 8856-0078

6 방정식 $x^3-3x^2+x=x^2-3x+a$의 세 근이 다음과 같을 때, 실수 a의 값 또는 실수 a의 값의 범위를 구하시오.

(1) 서로 다른 세 실근   (2) 중근과 다른 한 실근   (3) 한 실근과 두 허근

4 부등식에의 활용

Plus

❼ 어떤 구간에서 부등식 $f(x)>0$의 증명
⇨ 그 구간에서 함수 $f(x)$의 최솟값을 구하여 (최솟값)>0임을 보인다.

❽ 어떤 구간에서 부등식 $f(x)>g(x)$의 증명
⇨ $h(x)=f(x)-g(x)$로 놓고 그 구간에서 $h(x)>0$임을 보인다. 즉, 그 구간에서 함수 $h(x)$의 최솟값을 구하여 (최솟값)>0임을 보인다.

(1) 어떤 구간에서 부등식 $f(x)\geq0$의 증명 ❼
　그 구간에서 함수 $f(x)$의 최솟값을 구하여 (최솟값)≥0임을 보인다.

(2) 어떤 구간에서 부등식 $f(x)\geq g(x)$의 증명 ❽
　$h(x)=f(x)-g(x)$로 놓고 그 구간에서 $h(x)\geq0$임을 보인다.
　즉, 그 구간에서 함수 $h(x)$의 최솟값을 구하여 (최솟값)≥0임을 보인다.

(3) 어떤 구간에서 부등식 $f(x)\leq0$의 증명
　그 구간에서 함수 $f(x)$의 최댓값을 구하여 (최댓값)≤0임을 보인다.

(4) 어떤 구간에서 부등식 $f(x)\leq g(x)$의 증명
　$h(x)=f(x)-g(x)$로 놓고 그 구간에서 $h(x)\leq0$임을 보인다.
　즉, 그 구간에서 함수 $h(x)$의 최댓값을 구하여 (최댓값)≤0임을 보인다.

 4　$x\geq0$일 때, 부등식 $2x^3-3x^2+1\geq0$이 성립함을 보이시오.

풀이 $f(x)=2x^3-3x^2+1$이라고 하면 $f'(x)=6x^2-6x=6x(x-1)$이므로
$f'(x)=0$에서 $x=0$ 또는 $x=1$
$x\geq0$일 때 $f'(x)$의 부호를 조사하여 $f(x)$의 증가와 감소를 표로 나타내면 다음과 같다.

x	0	...	1	...
$f'(x)$		$-$	0	$+$
$f(x)$	1	↘	0	↗

$x\geq0$일 때, 함수 $f(x)$는 $x=1$에서 극소이면서 최소이다.
　　구간의 끝점에서의 함숫값 $f(0)$, 극솟값 $f(1)$ 중에서 가장 작은 값 $f(1)$이 최솟값이다.
이때 최솟값 $f(1)=0$이므로 $x\geq0$인 모든 x에 대하여 $f(x)=2x^3-3x^2+1\geq0$
따라서 $x\geq0$일 때, 부등식 $2x^3-3x^2+1\geq0$이 성립한다.
　　　　　　　　　　　　　　　　　　　　　　　　　　　　　　　📄 풀이 참조

○ 8856-0079

　7　$x\geq0$일 때, 부등식 $4x^3-3x^2-6x+a\geq0$이 항상 성립하도록 하는 실수 a의 최솟값은?

① 2　　　　② 3　　　　③ 4　　　　④ 5　　　　⑤ 6

○ 8856-0080

　8　모든 실수 x에 대하여 부등식 $x^4>4x^2+a$가 항상 성립하도록 하는 정수 a의 최댓값은?

① -7　　　② -6　　　③ -5　　　④ -4　　　⑤ -3

5 속도, 가속도

수직선 위를 움직이는 점 P의 시각 t에서의 위치 x가 $x=f(t)$일 때, 시각 t에서의
점 P의 속도 v와 가속도 a는 다음과 같다.

(1) 속도⑩

$$v=\frac{dx}{dt}=f'(t)$$

(2) 가속도⑩

$$a=\frac{dv}{dt}=v'(t)$$

참고

점 P의 위치가 $x=f(t)$일 때, 속도 $v=f'(t)$에 대하여

① $v>0$이면 점 P는 수직선의 양의 방향으로 움직인다.

② $v<0$이면 점 P는 수직선의 음의 방향으로 움직인다.

③ $v=0$이면 점 P는 운동 방향을 바꾸거나 정지한다.

Plus

⊙ 속도와 속력
 ① 속도 v: 크기와 방
  향을 갖는 양
 ② 속력 $|v|$: 속도 v
  의 절댓값
⑩ 위치 $x=f(t)$
  ⇩ 미분
 속도 $v=f'(t)$
  ⇩ 미분
 가속도 $a=v'(t)$

예제 5 원점을 출발하여 수직선 위를 움직이는 점 P의 시각 t에서의 위치 x가 $x=t^3-4t^2-3t$일 때, 다음을 구하시오.

(1) $t=4$에서의 점 P의 속도, 가속도

(2) 점 P가 운동 방향을 바꿀 때의 시각

풀이 (1) 점 P의 시각 t에서의 속도를 v, 가속도를 a라고 하면

위치 $\xrightarrow{\text{미분}}$ 속도 $\xrightarrow{\text{미분}}$ 가속도

$$v=\frac{dx}{dt}=3t^2-8t-3, \ a=\frac{dv}{dt}=6t-8$$

따라서 $t=4$에서의 점 P의 속도와 가속도는

$$v=3\times4^2-8\times4-3=13, \ a=6\times4-8=16$$

(2) 점 P가 운동 방향을 바꾸는 순간의 속도는 0이므로

$$v=3t^2-8t-3=(3t+1)(t-3)=0$$

그런데 $t\geq0$이므로 $t=3$

$t=3$의 좌우에서 v의 부호가 바뀌므로 운동 방향을 바꿀 때의 시각은 3이다.

🗒 (1) 속도: 13, 가속도: 16 (2) 3

유제

🔵 8856-0081

9 원점을 출발하여 수직선 위를 움직이는 점 P의 시각 t에서의 위치 x가 $x=t^3-3t^2+5t$일 때, 다음을 구하시오.

(1) 가속도가 6인 순간의 점 P의 위치

(2) 점 P의 속도의 최솟값

| 함수의 그래프 |

8856-0082

1 열린구간 $(-3, 4)$에서 정의된 미분가능한 함수 $y=f(x)$의 도함수 $y=f'(x)$의 그래프가 그림과 같을 때, 〈보기〉에서 옳은 것만을 있는 대로 고른 것은? (단, $f'(-2)=f'(0)=f'(3)=0$)

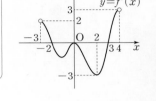

┌ **보기** ┐

ㄱ. 함수 $f(x)$는 $x=0$에서 극값을 갖는다.
ㄴ. 함수 $f(x)$는 닫힌구간 $[-2, 3]$에서 감소한다.
ㄷ. 함수 $f(x)$는 $x=-2$에서 극댓값을 갖는다.
ㄹ. 함수 $f(x)$는 $x=2$에서 최솟값을 갖는다.

① ㄱ, ㄹ   ② ㄴ, ㄷ   ③ ㄴ, ㄹ
④ ㄱ, ㄴ, ㄷ   ⑤ ㄱ, ㄷ, ㄹ

| 함수의 최댓값과 최솟값 |

8856-0083

2 닫힌구간 $[-2, 3]$에서 함수 $f(x)=x^4-4x^3+2x^2+20x-3$의 최댓값과 최솟값을 각각 M, m이라 할 때, $M-m$의 값은?

① 64   ② 66   ③ 68   ④ 70   ⑤ 72

| 방정식에의 활용 |

8856-0084

3 두 곡선 $y=x^3+9x+4$, $y=-6x^2+a$가 오직 한 점에서 만날 때, 자연수 a의 최솟값은?

① 2   ② 3   ③ 4   ④ 5   ⑤ 6

| 부등식에의 활용 |

8856-0085

4 두 함수 $f(x)$, $g(x)$가 $f(x)=x^3+a$, $g(x)=-x^2+5x$일 때, $x\geq0$에서 부등식 $f(x)\geq g(x)$가 항상 성립하도록 하는 실수 a의 최솟값은?

① 2   ② 3   ③ 4   ④ 5   ⑤ 6

| 속도, 가속도 |

8856-0086

5 원점을 출발하여 수직선 위를 움직이는 점 P의 시각 t에서의 위치 x가 $x=2t^3-24t$일 때, 점 P가 운동 방향을 바꾸는 순간의 점 P의 가속도는?

① 8   ② 12   ③ 16   ④ 20   ⑤ 24

○ 8856-0087

1 함수 $f(x) = -x^2 + 2x - 1$에 대하여 x의 값이 0에서 2까지 변할 때의 평균변화율과 $x = a$에서의 미분계수가 서로 같을 때, 상수 a의 값은?

① $\dfrac{1}{2}$ ② 1 ③ $\dfrac{3}{2}$ ④ 2 ⑤ $\dfrac{5}{2}$

○ 8856-0089

3 함수 $f(x) = \begin{cases} bx & (x \le 1) \\ ax^2 + 1 & (x > 1) \end{cases}$ 가 $x = 1$에서 미분 가능할 때, 두 상수 a, b에 대하여 $a + b$의 값은?

① 0 ② 1 ③ 2 ④ 3 ⑤ 4

○ 8856-0088

2 함수 $f(x) = x^2 + ax$에 대하여

$\displaystyle\lim_{h \to 0} \dfrac{f(-1 + 2h) - f(-1)}{h} = 6$을 만족시키는 상수 a의 값은?

① 4 ② 5 ③ 6 ④ 7 ⑤ 8

○ 8856-0090

4 다항함수 $f(x)$와 함수 $g(x) = (2x - 1)f(x)$에 대하여 $g(2) = 6$, $g'(2) = 10$일 때, $f'(2)$의 값은?

① 2 ② 4 ③ 6 ④ 8 ⑤ 10

5 곡선 $y=-x^2+2x+1$에 접하고 직선 $y=4x+4$에 평행한 접선의 방정식을 구하시오.

○ 8856-0091

6 실수 전체의 집합에서 정의된 함수 $f(x)=-x^3+ax^2-3x+2$의 역함수가 존재하도록 하는 실수 a의 최댓값은?

① -1 ② 0 ③ 1 ④ 2 ⑤ 3

○ 8856-0092

7 닫힌구간 $[-2, 2]$에서 함수 $f(x)=-ax^3+3ax^2+b$의 최댓값이 24, 최솟값이 4일 때, 두 상수 a, b에 대하여 ab의 값은?

(단, $a>0$)

① 0 ② 1 ③ 2 ④ 3 ⑤ 4

○ 8856-0093

8 방정식 $x^3-3x+3=9x+a$가 서로 다른 두 개의 양의 실근과 한 개의 음의 실근을 갖도록 하는 모든 정수 a의 개수는?

① 13 ② 14 ③ 15 ④ 16 ⑤ 17

○ 8856-0094

9 두 함수 $f(x)=6x^3+x+k$,
$g(x)=3x^4-2x^3+x+8$이 모든 실수 x에 대하여 부등식 $f(x)\le g(x)$를 만족시키도록 하는 실수 k의 최댓값은?

① -8 ② -7 ③ -6 ④ -5 ⑤ -4

○ 8856-0095

10 지면에서 $20\,\text{m/s}$의 속도로 수직으로 쏘아올린 물로켓의 t초 후의 높이 $x\,\text{m}$가 $x=20t-5t^2$일 때, 다음을 구하시오.

(1) 물로켓이 도달한 최고 높이
(2) 물로켓이 지면에 떨어지는 순간의 속도

○ 8856-0096

서술형 문항

11 곡선 $y=4x^3-5x^2$ 위의 점 $(1,\ -1)$을 지나고 점 $(1,\ -1)$에서의 접선과 수직인 직선의 방정식을 $y=ax+b$라 할 때, 두 상수 a, b에 대하여 ab의 값을 구하시오.

○ 8856-0097

12 함수 $f(x)=x^4-ax^2+8$은 $x=\sqrt{3}$에서 극솟값을 갖고 $x=b$에서 극댓값 c를 갖는다. 세 상수 a, b, c에 대하여 $a+b+c$의 값을 구하시오.

○ 8856-0098

수능 맛보기

함수 $f(x)=x^3+ax^2+(a^2-2a)x+1$이 극값을 갖도록 하는 모든 정수 a의 개수는?

① 2   ② 3   ③ 4
④ 5   ⑤ 6

풀이

함수 $f(x)=x^3+ax^2+(a^2-2a)x+1$이 극값을 가지려면 방정식 $f'(x)=0$이 서로 다른 두 실근을 가져야

$f'(x)=0$의 서로 다른 두 실근을 α, β라 하면 $f'(\alpha)=0$, $f'(\beta)=0$이고 $x=\alpha$, $x=\beta$의 좌우에서 $f'(x)$의 부호가 바뀌므로 $f(x)$는 극값을 갖는다.

한다.

즉, $f'(x)=3x^2+2ax+(a^2-2a)=0$이 서로 다른 두 실근을 가져야 하므로 판별식을 D라 하면

$$\frac{D}{4}=a^2-3(a^2-2a)>0$$

$-2a^2+6a>0$, $a^2-3a<0$, $a(a-3)<0$

$0<a<3$이므로 정수 a는 1, 2이고 그 개수는 2이다.

답 ①

◔ 8856-0099

1 함수 $f(x)=-x^3+9x^2-3k^2x+5$가 극댓값과 극솟값을 모두 갖도록 하는 모든 정수 k의 개수는?

① 4   ② 5   ③ 6
④ 7   ⑤ 8

◔ 8856-0100

2 함수 $f(x)=\dfrac{2}{3}x^3+(1-k)x^2+2x-1$이 극값을 갖지 않도록 하는 모든 정수 k의 값의 합은?

① 2   ② 3   ③ 4
④ 5   ⑤ 6

1 부정적분의 정의

함수 $F(x)$의 도함수가 $f(x)$, 즉 $F'(x)=f(x)$일 때, $F(x)$는 $f(x)$의 부정적분이라 한다. 즉,

$$\int f(x)dx=F(x)+C \text{ (단, } C\text{는 적분상수)}$$

⬤1

2 부정적분과 미분의 관계

(1) 함수 $f(x)$의 부정적분 중의 하나를 $F(x)$라 하면

$$\int f(x)dx=F(x)+C \text{ (}C\text{는 적분상수)이므로}$$

$$\frac{d}{dx}\left\{\int f(x)dx\right\}=\frac{d}{dx}\{F(x)+C\}=F'(x)=f(x), \text{ 즉}$$

$$\frac{d}{dx}\int f(x)dx=f(x)$$

⬤2

(2) $f'(x)=\frac{d}{dx}f(x)$이므로 $f(x)$는 $\frac{d}{dx}f(x)$의 부정적분 중 하나이다.

$$\int\left\{\frac{d}{dx}f(x)\right\}dx=f(x)+C \text{ (단, } C\text{는 적분상수)}$$

⬤2

Plus

❶
$$\underbrace{\int f(x)dx}_{\text{도함수}}=F(x)+C$$
부정적분

$\int f(x)dx$는
'적분 $f(x)dx$' 또는
'인티그럴 $f(x)dx$'라
읽는다.

❷ $\dfrac{d}{dx}\int f(x)dx$
$\qquad \neq \int\left\{\dfrac{d}{dx}f(x)\right\}dx$

예제 1 함수 $f(x)$에 대하여 $\int f(x)dx=x^3+3x^2+4x+C$일 때, $f(1)+f(2)$의 값은? (단, C는 상수이다.)

① 38 　　② 41 　　③ 44 　　④ 47 　　⑤ 50

풀이 $\int f(x)dx=x^3+3x^2+4x+C$의 양변을 x에 대하여 미분하면

$$\frac{d}{dx}\int f(x)dx=\frac{d}{dx}(x^3+3x^2+4x+C)=3x^2+6x+4$$

$\qquad\qquad\qquad\qquad$ └ $\int f(x)dx=F(x)$이면 부정적분의 정의에 의하여 $f(x)=F'(x)$임을 이용한다.

즉, $f(x)=3x^2+6x+4$이므로 $f(1)=3\times1^2+6\times1+4=13$, $f(2)=3\times2^2+6\times2+4=28$

따라서 $f(1)+f(2)=13+28=41$

답 ②

유제

◯ 8856-0101

1 모든 실수 x에 대하여 $\dfrac{d}{dx}\int(2x^2+4x-1)dx=ax^2+bx+c$가 성립할 때, $a+b+c$의 값은?

(단, a, b, c는 상수이다.)

① 1 　　② 3 　　③ 5 　　④ 7 　　⑤ 9

◯ 8856-0102

2 다항함수 $f(x)$에 대하여 $f(x)=\int\left\{\dfrac{d}{dx}(x^2-2x+1)\right\}dx$이고, $f(-1)=3$일 때, $f(1)$의 값은?

① -1 　　② -2 　　③ -3 　　④ -4 　　⑤ -5

❸ 다항함수 $y=x^n$의 부정적분

n이 0 또는 양의 정수일 때

$$\int x^n dx = \frac{1}{n+1}x^{n+1}+C \text{ (단, C는 적분상수)}$$
❸

❹ 부정적분의 성질

두 함수 $f(x)$, $g(x)$의 부정적분이 존재할 때

(1) $\int kf(x)dx = k\int f(x)dx$ (단, k는 상수)
❹

(2) $\int \{f(x)+g(x)\}dx = \int f(x)dx + \int g(x)dx$

(3) $\int \{f(x)-g(x)\}dx = \int f(x)dx - \int g(x)dx$

Plus

❸ $\left(\frac{1}{n+1}x^{n+1}+C\right)' = x^n$

임을 이용한다.

예 $\int x^2 dx$

$= \frac{1}{2+1}x^{2+1}+C$

$= \frac{1}{3}x^3+C$

(단, C는 적분상수)

❹ 함수 $f(x)$의 한 부정적분을 $F(x)$라 하면
$\{kF(x)\}' = kF'(x)$
$\qquad = kf(x)$

이므로

$\int kf(x)dx$

$\qquad = k\int f(x)dx$

(단, k는 상수)

 예제 2 곡선 $y=f(x)$ 위의 임의의 점 $(x, f(x))$에서의 접선의 기울기가 $6x^2+2x-3$이고, $f(-1)=3$일 때, $f(1)$의 값은?

① 1 　　　② 2 　　　③ 3 　　　④ 4 　　　⑤ 5

풀이 곡선 $y=f(x)$ 위의 임의의 점 $(x, f(x))$에서의 접선의 기울기가 $6x^2+2x-3$이므로

$f'(x)=6x^2+2x-3$

$f(x)=\int f'(x)dx = \int (6x^2+2x-3)dx$

$\qquad = 6\times\frac{1}{3}x^3 + 2\times\frac{1}{2}x^2 - 3x + C$

$\qquad = 2x^3+x^2-3x+C$ (C는 적분상수)

$f(-1)=-2+1+3+C=C+2$

$C+2=3$에서 $C=1$

따라서 $f(x)=2x^3+x^2-3x+1$이므로 $f(1)=2+1-3+1=1$

$\int(6x^2+2x-3)dx$

$=6\int x^2dx + 2\int xdx - 3\int 1dx$

$=6\left(\frac{1}{2+1}x^{2+1}+C_1\right) + 2\left(\frac{1}{1+1}x^{1+1}+C_2\right) - 3(x+C_3)$

$=6\times\frac{1}{3}x^3 + 2\times\frac{1}{2}x^2 - 3x + (6C_1+2C_2-3C_3)$

에서 세 상수 C_1, C_2, C_3에 대하여
$6C_1+2C_2-3C_3$을 적분상수 C로 놓을 수 있다.

답 ①

8856-0103

 3 다항함수 $f(x)$에 대하여 $f'(x)=8x^3+3x^2-2x+1$일 때, $f(2)-f(-2)$의 값은?

① 10 　　　② 20 　　　③ 30 　　　④ 40 　　　⑤ 50

8856-0104

4 다항함수 $f(x)$가 $\frac{d}{dx}\{f(x)+x\}=3x^2+4x+1$, $f(0)=1$을 만족시킬 때, $f(-1)$의 값은?

① -4 　　　② -2 　　　③ 0 　　　④ 2 　　　⑤ 4

5 정적분의 정의

닫힌구간 $[a, b]$에서 연속인 함수 $f(x)$의 한 부정적분을 $F(x)$라 할 때,
$F(b)-F(a)$를 함수 $f(x)$의 a에서 b까지의 정적분이라 하고, 기호로 $\int_a^b f(x)dx$와 ⑤
같이 나타낸다.

$$\int_a^b f(x)dx = \left[F(x) \right]_a^b = F(b) - F(a)$$ ⑥

참고

함수 $f(x)$가 닫힌구간 $[a, b]$에서 연속일 때, 두 실수 a, b에 대하여 다음이 성립한다.

(1) $\int_a^a f(x)dx = 0$ ⑦

(2) $\int_a^b f(x)dx = -\int_b^a f(x)dx$ ⑧

Plus

⑤ $\int_a^b f(x)dx$를
'인티그럴(integral) a에서 b까지 $f(x)dx$'
로 읽고, a를 아래끝,
b를 위끝이라 한다.

⑥ $\int_a^b f(x)dx = \left[F(x) \right]_a^b$
$= F(b) - F(a)$
를 '미적분의 기본정리'
라 한다.

⑦ $\int_a^a f(x)dx = \left[F(x) \right]_a^a$
$= F(a) - F(a) = 0$

⑧ $\int_a^b f(x)dx = \left[F(x) \right]_a^b$
$= F(b) - F(a)$
$= -\{F(a) - F(b)\}$
$= -\left[F(x) \right]_b^a$
$= -\int_b^a f(x)dx$

 예제 3 다음 정적분의 값을 구하시오.

(1) $\int_1^2 (x^2+1)dx$

(2) $\int_0^1 (4x^3-3x^2+2)dx$

풀이 (1) $\int_1^2 (x^2+1)dx = \left[\frac{1}{3}x^3+x \right]_1^2 = \left(\frac{8}{3}+2 \right) - \left(\frac{1}{3}+1 \right) = \frac{7}{3}+1 = \frac{10}{3}$

n이 음이 아닌 정수일 때, $\int x^n dx = \frac{1}{n+1}x^{n+1}+C$ (C는 적분상수)를 이용한다.

(2) $\int_0^1 (4x^3-3x^2+2)dx = \left[x^4-x^3+2x \right]_0^1 = (1-1+2)-0 = 2$

답 (1) $\frac{10}{3}$ (2) 2

 유제

○ 8856-0105

5 $\int_2^3 (3x^2+ax)dx = 24$일 때, 상수 a의 값은?

① 1　　　② 2　　　③ 3　　　④ 4　　　⑤ 5

○ 8856-0106

6 함수 $f(x)=4x^2+3x-1$에 대하여 $\int_{-1}^2 (x-1)f(x)dx$의 값은?

① 3　　　② 5　　　③ 7　　　④ 9　　　⑤ 11

6 정적분의 성질

두 함수 $f(x)$, $g(x)$가 세 실수 a, b, c를 포함하는 닫힌구간에서 연속일 때

(1) $\displaystyle\int_a^b kf(x)dx = k\int_a^b f(x)dx$ (단, k는 상수)

(2) $\displaystyle\int_a^b \{f(x)+g(x)\}dx = \int_a^b f(x)dx + \int_a^b g(x)dx$

(3) $\displaystyle\int_a^b \{f(x)-g(x)\}dx = \int_a^b f(x)dx - \int_a^b g(x)dx$

(4) $\displaystyle\int_a^b f(x)dx = \int_a^c f(x)dx + \int_c^b f(x)dx$ ⑨

7 정적분 $\displaystyle\int_{-a}^{a} x^n dx$ (n은 0 또는 자연수)의 계산 ⑩

(1) n이 짝수일 때, $\displaystyle\int_{-a}^{a} x^n dx = 2\int_0^a x^n dx$

(2) n이 홀수일 때, $\displaystyle\int_{-a}^{a} x^n dx = 0$

Plus

⑨ a, b, c의 대소에 관계 없이 항상 성립한다.

⑩ 함수 $f(x)$가 닫힌구간 $[-a, a]$에서 연속일 때, 이 구간의 모든 x에 대하여

① $f(-x)=f(x)$

i) 함수 $f(x)$의 그래프는 y축에 대하여 대칭

ii) $\displaystyle\int_{-a}^{a} f(x)dx = 2\int_0^a f(x)dx$

② $f(-x)=-f(x)$

i) 함수 $f(x)$의 그래프는 원점에 대하여 대칭

ii) $\displaystyle\int_{-a}^{a} f(x)dx = 0$

 예제 4 다음 정적분의 값을 구하시오.

(1) $\displaystyle\int_{-2}^{2} (x+1)^3 dx - \int_{-2}^{2} (y-1)^3 dy$

(2) $\displaystyle\int_{-1}^{1} \frac{x^3}{x+2} dx - \int_1^{-1} \frac{8}{x+2} dx$

풀이 (1) $\displaystyle\int_{-2}^{2} (x+1)^3 dx - \int_{-2}^{2} (y-1)^3 dy = \int_{-2}^{2} (x+1)^3 dx - \int_{-2}^{2} (x-1)^3 dx$ ⟵ $\displaystyle\int_a^b f(y)dy = \int_a^b f(x)dx$가 성립한다.

$\displaystyle = \int_{-2}^{2} \{(x^3+3x^2+3x+1)-(x^3-3x^2+3x-1)\}dx$

$\displaystyle = \int_{-2}^{2} (6x^2+2)dx = 2\int_0^2 (6x^2+2)dx$ ⟵ $\displaystyle\int_{-a}^{a} x^n dx$에서 n이 0 또는 짝수인 자연수이면

$\displaystyle = 2 \times \Big[2x^3+2x\Big]_0^2 = 2\times 20 = 40$ $\displaystyle\int_{-a}^{a} x^n dx = 2\int_0^a x^n dx$

(2) $\displaystyle\int_{-1}^{1} \frac{x^3}{x+2} dx - \int_1^{-1} \frac{8}{x+2} dx = \int_{-1}^{1} \frac{x^3}{x+2} dx + \int_{-1}^{1} \frac{8}{x+2} dx = \int_{-1}^{1} \frac{x^3+8}{x+2} dx$

$\displaystyle = \int_{-1}^{1} (x^2-2x+4)dx = 2\int_0^1 (x^2+4)dx$ ⟵ $\displaystyle\int_{-a}^{a} x^n dx$에서 n이 홀수인 자연수이면

$\displaystyle = 2 \times \Big[\frac{1}{3}x^3+4x\Big]_0^1 = 2 \times \frac{13}{3} = \frac{26}{3}$ $\displaystyle\int_{-a}^{a} x^n dx = 0$

🔲 (1) 40 (2) $\dfrac{26}{3}$

 유제

🔵 8856-0107

7 $\displaystyle\int_{-k}^{k} (5x^5-6x^3+3x^2+1)dx = 60$일 때, 양수 k의 값을 구하시오.

🔵 8856-0108

8 함수 $f(x)=\begin{cases} -x^3+1 & (x\le 0) \\ x^3+1 & (x>0) \end{cases}$에 대하여 $\displaystyle\int_{-2}^{2} f(x)dx$의 값을 구하시오.

01 부정적분과 정적분

정답과 풀이 25쪽

8 정적분과 미분의 관계

(1) 정적분으로 정의된 함수의 미분

함수 $f(x)$가 구간 $[a, b]$에서 연속일 때

① $\dfrac{d}{dx}\displaystyle\int_a^x f(t)dt=f(x)$ (단, $a<x<b$)

② $\dfrac{d}{dx}\displaystyle\int_x^{x+a} f(t)dt=f(x+a)-f(x)$

┤ 증명 ├

$$\frac{d}{dx}\int_x^{x+a} f(t)dt=\frac{d}{dx}\left\{\left[F(x)\right]_x^{x+a}\right\}=\frac{d}{dx}\{F(x+a)-F(x)\}=f(x+a)-f(x)$$

(2) 정적분으로 정의된 함수의 극한

① $\displaystyle\lim_{x\to 0}\frac{1}{x}\int_a^{a+x} f(t)dt=f(a)$

② $\displaystyle\lim_{x\to a}\frac{1}{x-a}\int_a^x f(t)dt=f(a)$

┤ 증명 ├

$$\lim_{x\to a}\frac{1}{x-a}\int_a^x f(t)dt=\lim_{x\to a}\frac{1}{x-a}\left[F(t)\right]_a^x=\lim_{x\to a}\frac{F(x)-F(a)}{x-a}=F'(a)=f(a)$$

Plus

⑪ $\dfrac{d}{dx}\displaystyle\int_a^x f(t)dt$

$=\dfrac{d}{dx}\left\{\left[F(x)\right]_a^x\right\}$

$=\dfrac{d}{dx}\{F(x)-F(a)\}$

$=f(x)$

⑫ $\displaystyle\lim_{x\to 0}\frac{1}{x}\int_a^{a+x} f(t)dt$

$=\displaystyle\lim_{x\to 0}\frac{1}{x}\left[F(t)\right]_a^{a+x}$

$=\displaystyle\lim_{x\to 0}\frac{F(a+x)-F(a)}{x}$

$=F'(a)=f(a)$

예제 5 $\displaystyle\lim_{x\to 1}\frac{1}{x-1}\int_1^x (t^3-1)dt$의 값은?

① -6 ② -3 ③ 0 ④ 3 ⑤ 6

풀이 $f(t)=t^3-1$이라 하고 함수 $f(t)$의 부정적분 중 하나를 $F(t)$라 하면

$$\lim_{x\to 1}\frac{1}{x-1}\int_1^x (t^3-1)dt=\lim_{x\to 1}\frac{1}{x-1}\int_1^x f(t)dt=\lim_{x\to 1}\frac{1}{x-1}\left[F(t)\right]_1^x$$

$$=\lim_{x\to 1}\frac{F(x)-F(1)}{x-1}=F'(1)$$

$$=f(1)=1-1=0$$

함수 $y=f(x)$의 $x=a$에서의 미분계수는 $f'(a)=\displaystyle\lim_{x\to a}\frac{f(x)-f(a)}{x-a}$임을 이용한다.

답 ③

 유제

◉ 8856-0109

9 $\displaystyle\lim_{h\to 0}\frac{1}{h}\int_{1-h}^{1+2h} (x^2+2x-2)dx$의 값은?

① 1 ② 3 ③ 5 ④ 7 ⑤ 9

◉ 8856-0110

10 다항함수 $f(x)$가 모든 실수 x에 대하여 $\displaystyle\int_x^{-1} f(t)dt=2x^3+ax^2-3$을 만족시킬 때, $f(a)$의 값은?

(단, a는 상수이다.)

① 0 ② -50 ③ -100 ④ -150 ⑤ -200

| 부정적분과 미분의 관계 |

8856-0111

1 다항함수 $f(x)$가 모든 실수 x에 대하여 $f(x)=\dfrac{d}{dx}\displaystyle\int (x^3+2x^2-4x)dx$를 만족시킬 때, 함수 $f(x)$의 극댓값은?

① 2   ② 4   ③ 6   ④ 8   ⑤ 10

| 정적분의 성질 |

8856-0112

2 연속함수 $f(x)$에 대하여 $\displaystyle\int_{-1}^{2} f(x)dx=2$, $\displaystyle\int_{5}^{2} f(x)dx=-1$, $\displaystyle\int_{5}^{8} f(x)dx=3$일 때, 정적분 $\displaystyle\int_{-1}^{8} f(x)dx$의 값은?

① 3   ② 4   ③ 5   ④ 6   ⑤ 7

| 정적분의 성질 |

8856-0113

3 닫힌구간 $[-4, 4]$에서 정의된 함수 $y=f(x)$의 그래프가 오른쪽 그림과 같을 때, 정적분 $\displaystyle\int_{-4}^{4} xf(x)dx$의 값은?

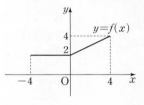

① $\dfrac{32}{3}$ ② 11   ③ $\dfrac{34}{3}$

④ $\dfrac{35}{3}$ ⑤ 12

| 정적분과 미분의 관계 |

8856-0114

4 $\displaystyle\lim_{x\to 2}\dfrac{1}{x-2}\int_{2}^{x}(t^2+3t+2)dt$의 값은?

① 6   ② 8   ③ 10   ④ 12   ⑤ 14

| 정적분과 미분의 관계 |

8856-0115

5 다항함수 $f(x)$가 모든 실수 x에 대하여 $xf(x)=x^3+4x^2+\displaystyle\int_{1}^{x}f(t)dt$를 만족시킬 때, $f(-1)$의 값은?

① -13 ② -11 ③ -9 ④ -7 ⑤ -5

02 정적분의 활용

❶ 곡선과 좌표축 사이의 넓이

(1) 함수 $f(x)$가 닫힌구간 $[a, b]$에서 연속일 때 곡선 $y=f(x)$와 x축 및 두 직선 $x=a$, $x=b$ 로 둘러싸인 부분의 넓이 S는

$$S=\int_a^b |f(x)|\,dx$$
_____❶

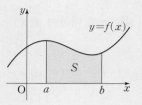

(2) 함수 $g(y)$가 닫힌구간 $[c, d]$에서 연속일 때 곡선 $x=g(y)$와 y축 및 두 직선 $y=c$, $y=d$ 로 둘러싸인 부분의 넓이 S는

$$S=\int_c^d |g(y)|\,dy$$

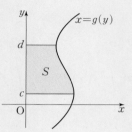

Plus

❶ 구간 $[a, c]$에서 $f(x)\le 0$, 구간 $[c, b]$에서 $f(x)\ge 0$일 때

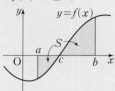

$$S=\int_a^c |f(x)|\,dx$$
$$+\int_c^b |f(x)|\,dx$$
$$=\int_a^b |f(x)|\,dx$$

예제 1 곡선 $y=-x(x-2)$와 x축으로 둘러싸인 부분의 넓이를 구하시오.

풀이 곡선 $y=-x(x-2)$와 x축의 교점의 x좌표는
$-x(x-2)=0$에서 $x=0$ 또는 $x=2$
함수 $y=-x(x-2)$의 그래프는 그림과 같고,
닫힌구간 $[0, 2]$에서 $-x(x-2)\ge 0$이므로
구하는 넓이를 S라 하면

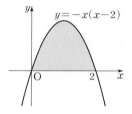

$$S=\int_0^2 \{-x(x-2)\}\,dx=\int_0^2 (-x^2+2x)\,dx$$
_____ 구간 $[a, b]$에서 $f(x)\ge 0$이므로 넓이는 $\int_a^b f(x)\,dx$임을 이용한다.
$$=\left[-\frac{1}{3}x^3+x^2\right]_0^2=\left(-\frac{8}{3}+4\right)-0=\frac{4}{3}$$

답 $\dfrac{4}{3}$

유제

○ 8856-0116

1 곡선 $y=(x+1)(x-a)$와 x축으로 둘러싸인 부분의 넓이가 $\dfrac{9}{2}$일 때, 양수 a의 값은?

① 1   ② 2   ③ 3   ④ 4   ⑤ 5

○ 8856-0117

2 곡선 $x=y^2-4$와 y축 및 두 직선 $y=-3$, $y=1$로 둘러싸인 부분의 넓이는?

① $\dfrac{31}{3}$ ② $\dfrac{34}{3}$ ③ $\dfrac{37}{3}$ ④ $\dfrac{40}{3}$ ⑤ $\dfrac{43}{3}$

❷ 두 곡선 사이의 넓이

두 함수 $f(x)$, $g(x)$가 닫힌구간 $[a, b]$에서 연속일 때, 두 곡선 $y=f(x)$, $y=g(x)$ 및 두 직선 $x=a$, $x=b$로 둘러싸인 부분의 넓이 S는

$$S=\int_a^b |f(x)-g(x)|\,dx$$

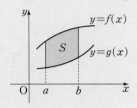

$f(x)\geq g(x)$이면
$$S=\int_a^b \{f(x)-g(x)\}dx$$

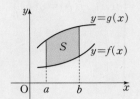

$f(x)\leq g(x)$이면
$$S=\int_a^b \{g(x)-f(x)\}dx$$

Plus

❷ 닫힌구간 $[a, c]$에서
$f(x)\geq g(x)$,
닫힌구간 $[c, b]$에서
$f(x)\leq g(x)$일 때

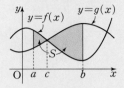

$$S=\int_a^b |f(x)-g(x)|dx$$
$$=\int_a^c \{f(x)-g(x)\}dx$$
$$+\int_c^b \{g(x)-f(x)\}dx$$

 예제 2 두 곡선 $y=x^2-5x+7$, $y=-x^2+3x+1$로 둘러싸인 부분의 넓이를 구하시오.

풀이 두 곡선 $y=x^2-5x+7$, $y=-x^2+3x+1$의 교점의 x좌표는

$x^2-5x+7=-x^2+3x+1$, 즉 $2x^2-8x+6=0$에서

$x^2-4x+3=0$, $(x-1)(x-3)=0$이므로

$x=1$ 또는 $x=3$

> 두 함수 $y=f(x)$, $y=g(x)$의 그래프의 교점의 x좌표는 방정식 $f(x)=g(x)$의 실근과 같다.

닫힌구간 $[1, 3]$에서 $x^2-5x+7\leq -x^2+3x+1$이므로 구하는 넓이는

$$\int_1^3 \{(-x^2+3x+1)-(x^2-5x+7)\}dx$$

> 닫힌구간 $[a, b]$에서 $f(x)\leq g(x)$이면 넓이는 $\int_a^b \{g(x)-f(x)\}dx$임을 이용한다.

$$=\int_1^3 (-2x^2+8x-6)dx$$

$$=\left[-\frac{2}{3}x^3+4x^2-6x\right]_1^3$$

$$=(-18+36-18)-\left(-\frac{2}{3}+4-6\right)=\frac{8}{3}$$

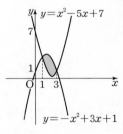

답 $\dfrac{8}{3}$

 유제

○ 8856-0118

3 곡선 $y=x^2-2x-5$와 직선 $y=x-1$로 둘러싸인 부분의 넓이는?

① $\dfrac{35}{2}$ ② $\dfrac{55}{3}$ ③ $\dfrac{115}{6}$ ④ 20   ⑤ $\dfrac{125}{6}$

○ 8856-0119

4 두 곡선 $y=x^2-3x-5$, $y=-x^2+x+1$로 둘러싸인 부분의 넓이는?

① $\dfrac{58}{3}$ ② 20   ③ $\dfrac{62}{3}$ ④ $\dfrac{64}{3}$ ⑤ 22

02 정적분의 활용

❸ 역함수와 넓이의 관계

연속함수 $f(x)$의 역함수를 $g(x)$라 하고, 그림과 같이 두
곡선 $y=f(x)$, $y=g(x)$의 교점이 직선 $y=x$ 위에 있을 때,
두 곡선 $y=f(x)$, $y=g(x)$로 둘러싸인 부분의 넓이 S는

$$S=2\int_a^b |x-f(x)|\,dx \quad (단,\ f(a)=g(a),\ f(b)=g(b))$$

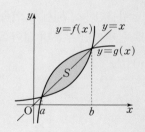

> **Plus**
>
> ❸ 함수 $y=f(x)$의 그래프와 그 역함수 $y=g(x)$의 그래프는 직선 $y=x$에 대하여 대칭이다.
>
>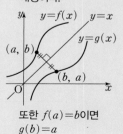
>
> 또한 $f(a)=b$이면 $g(b)=a$

예제 3 그림과 같이 두 곡선 $y=x^2$, $y=\sqrt{x}$로 둘러싸인 부분의 넓이를 구하시오.

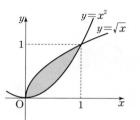

두 곡선 $y=x^2$, $y=\sqrt{x}$ 및 직선 $y=x$의 교점의 x좌표는 모두 같다.

풀이 두 곡선 $y=x^2$, $y=\sqrt{x}$는 $x \ge 0$에서 직선 $y=x$에 대하여 대칭이고, 두 곡선 $y=x^2$, $y=\sqrt{x}$의 교점의 x좌표는 곡선 $y=x^2$과 직선 $y=x$의 교점의 x좌표와 같다.
즉, $x^2=x$에서 $x(x-1)=0$이므로 $x=0$ 또는 $x=1$
그림과 같이 곡선 $y=x^2$과 직선 $y=x$로 둘러싸인 부분의 넓이와 곡선 $y=\sqrt{x}$와 직선 $y=x$로 둘러싸인 부분의 넓이가 서로 같으므로 구하는 넓이는 닫힌구간 $[0, 1]$에서 곡선 $y=x^2$과 직선 $y=x$로 둘러싸인 부분의 넓이의 2배이다.
따라서 구하는 넓이는

$$2\int_0^1 (x-x^2)\,dx = 2\left[\frac{1}{2}x^2 - \frac{1}{3}x^3\right]_0^1 = 2\left(\frac{1}{2}-\frac{1}{3}\right) = \frac{1}{3}$$

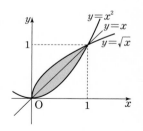

답 $\dfrac{1}{3}$

유제

○ 8856-0120

5 함수 $f(x)=\sqrt{x-4}$의 역함수를 $g(x)$라 할 때, $\displaystyle\int_4^{20} f(x)\,dx + \int_0^4 g(x)\,dx$의 값은?

① 40   ② 50   ③ 60   ④ 70   ⑤ 80

○ 8856-0121

6 함수 $f(x)=\sqrt{x-1}+1$의 역함수를 $g(x)$라 할 때, 두 곡선 $y=f(x)$, $y=g(x)$로 둘러싸인 부분의 넓이는?

① $\dfrac{1}{6}$ ② $\dfrac{1}{3}$ ③ $\dfrac{1}{2}$ ④ $\dfrac{2}{3}$ ⑤ $\dfrac{5}{6}$

4 속도와 거리

수직선 위를 움직이는 점 P의 시각 $t(a \le t \le b)$에서의 속도가 $v(t)$일 때

(1) 시각 $t=a$에서 시각 $t=b$까지 점 P의 위치의 변화량은

$$\int_a^b v(t)dt$$

(2) 시각 $t=a$에서의 위치가 x_0이면 시각 $t=b$에서의 점 P의 위치 $x(b)$는

$$x(b)=x_0+\int_a^b v(t)dt$$

(3) 시각 $t=a$에서 $t=b$까지 점 P가 움직인 거리는

$$\int_a^b |v(t)|dt$$

Plus

④ 속도 $v(t)$의 그래프와 t축으로 둘러싸인 부분의 넓이를 각각 S_1, S_2라 하면 시각 $t=0$에서 $t=b$까지

i) 점 P의 위치의 변화량

$$\int_0^b v(t)dt$$
$$=S_1-S_2$$

ii) 점 P가 움직인 거리

$$\int_0^b |v(t)|dt$$
$$=S_1+S_2$$

예제 4 지면으로부터 10 m의 높이에서 20 m/s의 속도로 똑바로 위로 쏘아 올린 물체의 t초 후의 속도를 $v(t)$라 하면 $v(t)=20-10t$(m/s)일 때, 이 물체가 가장 높이 올라갔을 때의 높이는?

① 30 m   ② 35 m   ③ 40 m   ④ 45 m   ⑤ 50 m

풀이 물체가 가장 높이 올라갔을 때는 운동 방향이 바뀌고 그 때의 속도가 0이므로 $v(t)=0$에서

$20-10t=0$, 즉 $t=2$

이 물체가 가장 높이 올라갔을 때의 높이는

 출발하는 위치가 지면으로부터 10 m이므로 10을 더해준다.

$$10+\int_0^2 (20-10t)dt=10+\left[20t-5t^2\right]_0^2$$
$$=10+(40-20)=30\text{(m)}$$

움직이는 물체의 속도 $v(t)$가 0인 경우
① 물체가 정지할 때
② 물체가 운동 방향을 바꿀 때

目 ①

● 8856-0122

유제 7 원점을 출발하여 수직선 위를 움직이는 점 P의 시각 t에서의 속도가 $v(t)=-2t+4$이다. 점 P의 시각 $t=0$에서 $t=3$까지 위치의 변화량은?

① $\dfrac{5}{2}$ ② 3   ③ $\dfrac{7}{2}$ ④ 4   ⑤ $\dfrac{9}{2}$

● 8856-0123

8 지면으로부터 20 m의 높이에서 40 m/s의 속도로 똑바로 위로 쏘아 올린 물체의 t초 후의 속도를 $v(t)$라 하면 $v(t)=40-10t$(m/s)일 때, 쏘아 올린 후 처음 6초 동안 이 물체가 움직인 거리는?

① 100 m   ② 120 m   ③ 140 m   ④ 160 m   ⑤ 180 m

III. 적분

| 곡선과 x축 사이의 넓이 |

8856-0124

1 함수 $y=|x^2-1|$의 그래프와 x축 및 두 직선 $x=-2$, $x=2$로 둘러싸인 부분의 넓이는?

① $\dfrac{5}{2}$ ② 3   ③ $\dfrac{7}{2}$ ④ 4   ⑤ $\dfrac{9}{2}$

| 곡선과 y축 사이의 넓이 |

8856-0125

2 오른쪽 그림과 같이 곡선 $x=y^3-4y$와 y축으로 둘러싸인 부분의 넓이는?

① 6   ② 8   ③ 10
④ 12   ⑤ 14

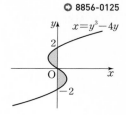

| 두 곡선 사이의 넓이 |

8856-0126

3 오른쪽 그림과 같이 곡선 $y=4x-x^2$과 x축으로 둘러싸인 부분의 넓이가 직선 $y=mx$에 의하여 이등분 될 때, 양수 m에 대하여 $(4-m)^3$의 값은?

① 20   ② 24   ③ 28
④ 32   ⑤ 36

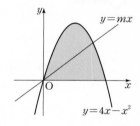

| 두 곡선 사이의 넓이 |

8856-0127

4 곡선 $y=x^3$과 이 곡선 위의 점 $(1, 1)$에서의 접선으로 둘러싸인 부분의 넓이는?

① 6   ② $\dfrac{27}{4}$ ③ $\dfrac{15}{2}$ ④ $\dfrac{33}{4}$ ⑤ 9

| 속도와 거리 |

8856-0128

5 원점을 출발하여 수직선 위를 움직이는 점 P의 시각 $t(0\le t\le 6)$에서의 속도 $v(t)$의 그래프가 오른쪽 그림과 같다. 점 P의 시각 $t=0$에서 $t=6$까지 위치의 변화량을 a, 움직인 거리를 b라 할 때, $a+b$의 값은?

① 6   ② 8   ③ 10
④ 12   ⑤ 14

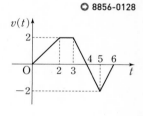

단원 종합 문제

1 다항함수 $f(x)$가 $\int xf(x)dx=4x^3+4x^2+C$를 만족시킬 때, $f(1)$의 값은?

(단, C는 적분상수이다.)

① 0 ② 5 ③ 10 ④ 15 ⑤ 20

○ 8856-0129

2 함수 $f(x)=\int(1+2x+3x^2+\cdots+10x^9)dx$에 대하여 $f(0)=1$일 때, $f(1)$의 값은?

① 8 ② 9 ③ 10 ④ 11 ⑤ 12

○ 8856-0130

3 다항함수 $f(x)$에 대하여 $f'(x)=6x^2-10x+1$이고 $f(1)=0$일 때, 방정식 $f(x)=0$의 서로 다른 모든 실근의 곱은?

① -3 ② -1 ③ 1 ④ 3 ⑤ 5

○ 8856-0131

4 함수 $f(x)=\int(x^2-3x+2)dx$의 극댓값을 M, 극솟값을 m이라 할 때, $M-m$의 값은?

① $\dfrac{1}{6}$ ② $\dfrac{1}{3}$ ③ $\dfrac{1}{2}$ ④ $\dfrac{2}{3}$ ⑤ $\dfrac{5}{6}$

○ 8856-0132

Ⅲ. 적분

◯ 8856-0133

5 함수 $f(x)$가 모든 실수 x에 대하여 등식

$$\int_1^x (x-t)f(t)dt = x^3 + ax^2 - 4x + b$$

를 만족시킬 때, $3a+b$의 값은?

(단, a, b는 상수이다.)

① 1   ② 2   ③ 3   ④ 4   ⑤ 5

◯ 8856-0134

6 연속함수 $f(x)$가 모든 실수 x에 대하여 $f(x+2)=f(x)$를 만족시킨다. $\int_0^2 f(x)dx = 2$일 때, $\int_{-6}^8 f(x)dx$의 값은?

① 6   ② 8   ③ 10   ④ 12   ⑤ 14

◯ 8856-0135

7 정적분

$$\int_{-2}^1 (5x^4 + 4x^3 - 3x^2 + 2x + 1)dx$$
$$+ \int_1^2 (5x^4 + 4x^3 - 3x^2 + 2x + 1)dx$$

의 값은?

① 40   ② 44   ③ 48   ④ 52   ⑤ 56

◯ 8856-0136

8 점 $(0, 5)$에서 곡선 $y = -x^2 + 4$에 그은 두 접선과 이 곡선으로 둘러싸인 부분의 넓이는?

① $\dfrac{1}{3}$ ② $\dfrac{2}{3}$ ③ 1   ④ $\dfrac{4}{3}$ ⑤ $\dfrac{5}{3}$

9 그림과 같이 곡선 $y=x^2-4$와 x축 및 직선 $x=a$로 둘러싸인 두 부분의 넓이가 서로 같을 때, 상수 a의 값은? (단, $a>2$)

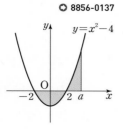

● 8856-0137

① 3   ② $\dfrac{7}{2}$ ③ 4   ④ $\dfrac{9}{2}$ ⑤ 5

● 8856-0138

10 원점을 출발하여 수직선 위를 움직이는 점 P의 시각 $t(0 \le t \le 6)$에서의 속도 $v(t)$의 그래프가 다음 그림과 같다. 점 P가 원점으로부터 가장 멀리 떨어져 있을 때 원점과 점 P 사이의 거리는?

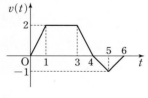

① 4   ② 5   ③ 6   ④ 7   ⑤ 8

서술형 문항

● 8856-0139

11 삼차함수 $f(x)$가 모든 실수 x에 대하여 $f(-x)=-f(x)$를 만족시킨다. $\displaystyle\int_{0}^{2} f'(x)dx=1$ 일 때, $\displaystyle\int_{-2}^{2}(2x+1)f'(x)dx$의 값을 구하시오.

● 8856-0140

12 원점을 동시에 출발하여 수직선 위를 움직이는 두 점 P, Q의 시각 t에서의 속도가 각각
$$v_{\text{P}}(t)=2t-4, \quad v_{\text{Q}}(t)=-4t+2$$
일 때, $t=5$에서 두 점 P, Q 사이의 거리를 구하시오.

다항함수 $f(x)$가 모든 실수 x에 대하여

$$\int_1^x f(t)dt = x^3 - 2ax^2 + ax$$

를 만족시킨다. 함수 $f(x)$의 그래프와 x축으로 둘러싸인 부분의 넓이는?

① $\dfrac{1}{27}$　　② $\dfrac{2}{27}$　　③ $\dfrac{1}{9}$

④ $\dfrac{4}{27}$　　⑤ $\dfrac{5}{27}$

풀이

$\int_1^x f(t)dt = x^3 - 2ax^2 + ax$가 모든 실수 x에 대하여 성립하므로 양변에 $x=1$을 대입하면

$\underline{\int_1^1 f(t)dt = 1 - 2a + a}$

$1 - a = 0$에서 $a = 1$　　$\int_1^1 f(t)dt = 0$임을 이용한다.

즉, $\int_1^x f(t)dt = x^3 - 2x^2 + x$이므로

양변을 x에 대하여 미분하면

$\dfrac{d}{dx}\int_1^x f(t)dt = \dfrac{d}{dx}(x^3 - 2x^2 + x)$

$\underline{f(x) = 3x^2 - 4x + 1}$　$\dfrac{d}{dx}\int_1^x f(t)dt = f(x)$임을 이용한다.

함수 $f(x) = 3x^2 - 4x + 1$의 그래프와 x축의 교점의 x좌표는 $3x^2 - 4x + 1 = 0$에서 $(3x-1)(x-1) = 0$

즉, $x = \dfrac{1}{3}$ 또는 $x = 1$

따라서 함수 $f(x)$의 그래프와 x축으로 둘러싸인 부분의 넓이는

$\int_{\frac{1}{3}}^1 |f(x)|dx = \int_{\frac{1}{3}}^1 \{-f(x)\}dx$

$\frac{1}{3} \le x \le 1$에서 $f(x) \le 0$이므로 $|f(x)| = -f(x)$이다.

$= \int_{\frac{1}{3}}^1 (-3x^2 + 4x - 1)dx$

$= \left[-x^3 + 2x^2 - x \right]_{\frac{1}{3}}^1$

$= (-1 + 2 - 1) - \left(-\dfrac{1}{27} + \dfrac{2}{9} - \dfrac{1}{3} \right)$

$= \dfrac{4}{27}$

답 ④

8856-0141

1 함수 $f(x)$가 모든 실수 x에 대하여 등식

$$f(x) = 6x^2 + \int_0^1 (x-t)f(t)dt$$

를 만족시킬 때, $f(1)$의 값은?

① $\dfrac{75}{13}$　　② $\dfrac{76}{13}$　　③ $\dfrac{77}{13}$

④ 6　　⑤ $\dfrac{79}{13}$

8856-0142

2 함수 $f(x)$가 모든 실수 x에 대하여 등식

$$f(x) = 2x^2 - \int_0^2 xf(t)dt$$

를 만족시킬 때, 함수 $f(x)$는 $x=a$에서 최솟값 m을 갖는다. 두 상수 a, m에 대하여 $a-9m$의 값은?

① 4　　② 6　　③ 8

④ 10　　⑤ 12

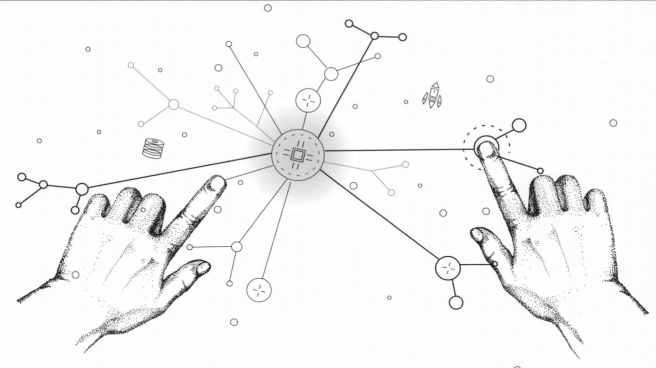

[국어, 영어, 수학의 EBS 대표 교재, 올림포스]

2015 개정 교육과정에 따른 모든 교과서의 기본 개념 정리
내신과 수능을 대비하는 다양한 평가 문항
수행평가 대비 코너 제공

국어, 영어, 수학은 EBS 올림포스로 끝낸다.

[올림포스 16책]

국어 영역 : 국어, 현대문학, 고전문학, 독서, 언어와 매체, 화법과 작문
영어 영역 : 독해의 기본1, 독해의 기본2, 구문 연습 300
수학 영역 : 수학(상), 수학(하), 수학 I, 수학 II, 미적분, 확률과 통계, 기하

EBS

정답과 풀이

단기간에 내신을 끝내는 유형별 문항 연습

ON

단숨에 켠다.

단기 특강 수학Ⅱ

예비 고등학생을 위한 기본 수학 개념서

50일
수학 상 하

50일 수학 상 하 |2책|

- 중학 수학과 고교 1학년 **수학 총정리**
- 수학의 **영역별 핵심 개념을 완벽** 정리
- 주제별 개념 정리로 **모르는 개념과 공식만 집중 연습**

"고등학교 수학, 더 이상의 걱정은 없다!"

정답과 풀이

I. 함수의 극한과 연속

01 함수의 극한

유제

본문 4~8쪽

1 (1) $f(x)=\dfrac{x^2-4x+3}{x-1}$ 이라 하면

$x\neq1$일 때,

$f(x)=\dfrac{x^2-4x+3}{x-1}=\dfrac{(x-1)(x-3)}{x-1}=x-3$

이므로 함수 $y=f(x)$의 그래프는 그림과 같다.

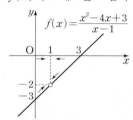

$x\rightarrow1$일 때 $f(x)\rightarrow-2$이므로

$\displaystyle\lim_{x\to1}\dfrac{x^2-4x+3}{x-1}=-2$

(2) $f(x)=x^2+4x+1$이라 하면 함수 $y=f(x)$의 그래프는 그림과 같다.

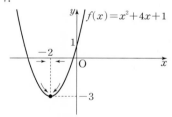

$x\rightarrow-2$일 때 $f(x)\rightarrow-3$이므로

$\displaystyle\lim_{x\to-2}(x^2+4x+1)=-3$

(3) $f(x)=\dfrac{1}{x}$이라 하면 함수 $y=f(x)$의 그래프는 그림과 같다.

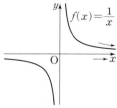

$x\rightarrow\infty$일 때 $f(x)\rightarrow0$이므로

$\displaystyle\lim_{x\to\infty}\dfrac{1}{x}=0$

답 (1) -2 (2) -3 (3) 0

2 (1) $f(x)=x^2+1$이라 하면 함수 $y=f(x)$의 그래프는 그림과 같다.

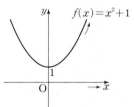

$x\rightarrow\infty$일 때 $f(x)\rightarrow\infty$이므로

$\displaystyle\lim_{x\to\infty}(x^2+1)=\infty$

(2) $f(x)=x-1$이라 하면 함수 $y=f(x)$의 그래프는 그림과 같다.

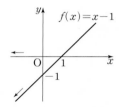

$x\rightarrow-\infty$일 때 $f(x)\rightarrow-\infty$이므로

$\displaystyle\lim_{x\to-\infty}(x-1)=-\infty$

(3) $f(x)=-2x+1$이라 하면 함수 $y=f(x)$의 그래프는 그림과 같다.

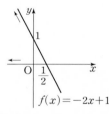

$x\rightarrow-\infty$일 때 $f(x)\rightarrow\infty$이므로

$\displaystyle\lim_{x\to-\infty}(-2x+1)=\infty$　　**답** (1) ∞ (2) $-\infty$ (3) ∞

3 함수 $f(x)$의 그래프에서

$x\rightarrow2+$일 때 $f(x)$의 값은 2에 한없이 가까워지므로

$\displaystyle\lim_{x\to2+}f(x)=2$

$x\rightarrow0-$일 때 $f(x)$의 값은 1에 한없이 가까워지므로

$\displaystyle\lim_{x\to0-}f(x)=1$

따라서 $\displaystyle\lim_{x\to2+}f(x)+\lim_{x\to0-}f(x)=2+1=3$　　**답** ⑤

4 함수 $f(x)=\dfrac{|x|}{x}$에서

$x>0$일 때, $\dfrac{|x|}{x}=\dfrac{x}{x}=1$

$x<0$일 때, $\dfrac{|x|}{x}=\dfrac{-x}{x}=-1$이므로

함수 $f(x)=\begin{cases}1 & (x>0) \\ -1 & (x<0)\end{cases}$ 의 그래프는 그림과 같다.

$$\lim_{x\to 0+} f(x)=\lim_{x\to 0+} 1=1$$

$$\lim_{x\to 0-} f(x)=\lim_{x\to 0-} (-1)=-1$$

$\lim\limits_{x\to 0+} f(x)\neq \lim\limits_{x\to 0-} f(x)$이므로 $\lim\limits_{x\to 0} f(x)$의 값은 존재하지 않는다. 　　　　　　　　　**답** 존재하지 않는다.

5 (1) $\displaystyle\lim_{x\to 2}(x-1)(x+3)=\lim_{x\to 2}(x-1)\times \lim_{x\to 2}(x+3)$

$$=(2-1)(2+3)$$
$$=1\times 5=5$$

(2) $\displaystyle\lim_{x\to -1}\dfrac{x+1}{x^2-2x+5}=\dfrac{\lim\limits_{x\to -1}(x+1)}{\lim\limits_{x\to -1}(x^2-2x+5)}$

$$=\dfrac{(-1)+1}{(-1)^2-2\times(-1)+5}$$
$$=\dfrac{0}{8}=0$$ 　　　　　**답** (1) 5 (2) 0

6 $\displaystyle\lim_{x\to 1}\dfrac{f(x)}{x^2-1}=\lim_{x\to 1}\dfrac{f(x)}{(x+1)(x-1)}$

$$=\lim_{x\to 1}\left\{\dfrac{1}{x+1}\times \dfrac{f(x)}{x-1}\right\}$$
$$=\lim_{x\to 1}\dfrac{1}{x+1}\times \lim_{x\to 1}\dfrac{f(x)}{x-1}$$
$$=\dfrac{1}{2}\times 2=1$$ 　　　　　**답** ③

[참고]

함수의 극한에 대한 성질은 각각의 함수의 극한값이 존재할 때만 성립한다.

즉, $\lim\limits_{x\to 1}\dfrac{f(x)}{x-1}=2$로 극한값이 존재하고

$\lim\limits_{x\to 1}\dfrac{1}{x+1}=\dfrac{1}{2}$로 극한값이 존재하므로

$$\lim_{x\to 1}\left\{\dfrac{1}{x+1}\times \dfrac{f(x)}{x-1}\right\}=\lim_{x\to 1}\dfrac{1}{x+1}\times \lim_{x\to 1}\dfrac{f(x)}{x-1}$$

7 (1) $\displaystyle\lim_{x\to -1}\dfrac{x^2+3x+2}{x+1}=\lim_{x\to -1}\dfrac{(x+1)(x+2)}{x+1}$

$$=\lim_{x\to -1}(x+2)=1$$

(2) 분모의 최고차항이 x^2이므로 분모, 분자를 각각 x^2으로 나누면

$$\lim_{x\to \infty}\dfrac{3x^2+x+5}{x^2-x-1}=\lim_{x\to \infty}\dfrac{3+\dfrac{1}{x}+\dfrac{5}{x^2}}{1-\dfrac{1}{x}-\dfrac{1}{x^2}}$$

$$=\dfrac{3}{1}=3$$ 　　　　　**답** (1) 1 (2) 3

[다른 풀이]

(2) $\dfrac{\infty}{\infty}$ 꼴의 극한에서 (분모의 차수)=(분자의 차수)이므로 극한값은 최고차항의 계수의 비 $\dfrac{3}{1}=3$이다.

8 (1) $\displaystyle\lim_{x\to 1}\dfrac{\sqrt{x+1}-\sqrt{2}}{x-1}$

$$=\lim_{x\to 1}\dfrac{(\sqrt{x+1}-\sqrt{2})(\sqrt{x+1}+\sqrt{2})}{(x-1)(\sqrt{x+1}+\sqrt{2})}$$
$$=\lim_{x\to 1}\dfrac{x-1}{(x-1)(\sqrt{x+1}+\sqrt{2})}$$
$$=\lim_{x\to 1}\dfrac{1}{\sqrt{x+1}+\sqrt{2}}$$
$$=\dfrac{1}{2\sqrt{2}}=\dfrac{\sqrt{2}}{4}$$

(2) $\displaystyle\lim_{x\to 1}\dfrac{3}{x-1}\left(1-\dfrac{3}{x+2}\right)$

$$=\lim_{x\to 1}\dfrac{3}{x-1}\left(\dfrac{x+2}{x+2}-\dfrac{3}{x+2}\right)$$
$$=\lim_{x\to 1}\left(\dfrac{3}{x-1}\times \dfrac{x-1}{x+2}\right)$$
$$=\lim_{x\to 1}\dfrac{3}{x+2}$$
$$=\dfrac{3}{3}=1$$ 　　　　　**답** (1) $\dfrac{\sqrt{2}}{4}$ (2) 1

9 (1) $\displaystyle\lim_{x\to -2}\dfrac{x^2+ax+b}{x+2}=-1$에서

$\lim\limits_{x\to -2}(x+2)=0$이므로

$\lim\limits_{x\to -2}(x^2+ax+b)=0$이다.

즉, $4-2a+b=0$에서 $b=2a-4$ 　　　 …… ㉠

㉠을 주어진 식에 대입하면

$$\lim_{x\to -2}\dfrac{x^2+ax+b}{x+2}=\lim_{x\to -2}\dfrac{x^2+ax+(2a-4)}{x+2}$$
$$=\lim_{x\to -2}\dfrac{(x+2)(x+a-2)}{x+2}$$
$$=\lim_{x\to -2}(x+a-2)$$
$$=a-4$$

$a-4=-1$이므로 $a=3$

$a=3$을 ㉠에 대입하면 $b=2$

(2) $\lim\limits_{x \to 2} \dfrac{x-2}{\sqrt{x+a}-b}=2$ 에서

$\lim\limits_{x \to 2}(x-2)=0$ 이고 $2 \neq 0$ 이므로

$\lim\limits_{x \to 2}(\sqrt{x+a}-b)=0$ 이다.

즉, $\sqrt{2+a}-b=0$ 에서 $b=\sqrt{2+a}$ ...... ㉠

㉠을 주어진 식에 대입하면

$\lim\limits_{x \to 2} \dfrac{x-2}{\sqrt{x+a}-b}$

$=\lim\limits_{x \to 2} \dfrac{x-2}{\sqrt{x+a}-\sqrt{2+a}}$

$=\lim\limits_{x \to 2} \dfrac{(x-2)(\sqrt{x+a}+\sqrt{2+a})}{(\sqrt{x+a}-\sqrt{2+a})(\sqrt{x+a}+\sqrt{2+a})}$

$=\lim\limits_{x \to 2} \dfrac{(x-2)(\sqrt{x+a}+\sqrt{2+a})}{x-2}$

$=\lim\limits_{x \to 2}(\sqrt{x+a}+\sqrt{2+a})$

$=2\sqrt{2+a}$

$2\sqrt{2+a}=2$ 에서 $\sqrt{2+a}=1$ 이므로 $a=-1$

$a=-1$을 ㉠에 대입하면 $b=1$

답 (1) $a=3$, $b=2$ (2) $a=-1$, $b=1$

10 모든 실수 x에 대하여

$-x^2+2x-1 \le f(x) \le x^2-2x+1$ 이고

$\lim\limits_{x \to 1}(-x^2+2x-1)=-1+2-1=0$

$\lim\limits_{x \to 1}(x^2-2x+1)=1-2+1=0$

이므로 함수의 극한의 대소 관계에 의하여

$\lim\limits_{x \to 1}f(x)=0$ 답 ④

기본 핵심 문제		본문 9쪽
1 (1) 0 (2) 2 (3) 4 (4) 1	**2** ④	**3** ③
4 ②	**5** ①	

1

(1) $f(x)=2x-1$ 이라 하면 함수 $y=f(x)$의 그래프는 그림과 같다.

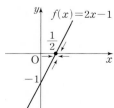

$x \to \dfrac{1}{2}$ 일 때 $f(x) \to 0$ 이므로

$\lim\limits_{x \to \frac{1}{2}}(2x-1)=0$

(2) $f(x)=\sqrt{x+1}$ 이라 하면 함수 $y=f(x)$의 그래프는 그림과 같다.

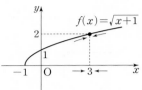

$x \to 3$ 일 때 $f(x) \to 2$ 이므로

$\lim\limits_{x \to 3}\sqrt{x+1}=2$

(3) $f(x)=-x^2+4x$ 라 하면 함수 $y=f(x)$의 그래프는 그림과 같다.

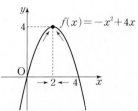

$x \to 2$ 일 때 $f(x) \to 4$ 이므로

$\lim\limits_{x \to 2}(-x^2+4x)=4$

(4) $f(x)=1+\dfrac{1}{x}$ 이라 하면 함수 $y=f(x)$의 그래프는 그림과 같다.

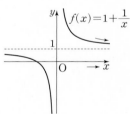

$x \to \infty$ 일 때 $f(x) \to 1$ 이므로

$\lim\limits_{x \to \infty}\left(1+\dfrac{1}{x}\right)=1$ 답 (1) 0 (2) 2 (3) 4 (4) 1

2

함수 $f(x)$의 그래프에서

$x \to 0-$ 일 때 $f(x) \to 1$ 이고, $x \to 1+$ 일 때 $f(x) \to 2$ 이다.

또, $x \to 3$ 일 때 $f(x) \to 0$ 이다.

따라서 $\lim\limits_{x \to 0-}f(x)+\lim\limits_{x \to 1+}f(x)+\lim\limits_{x \to 3}f(x)=1+2+0=3$

답 ④

3

$\lim\limits_{x \to 2} \dfrac{(x+1)f(x)}{x^2-4}=\lim\limits_{x \to 2} \dfrac{(x+1)f(x)}{(x+2)(x-2)}$

$$=\lim_{x \to 2}\frac{x+1}{x+2} \times \lim_{x \to 2}\frac{f(x)}{x-2}$$
$$=\frac{3}{4} \times 4 = 3 \qquad \text{답 } ③$$

[참고]

함수의 극한에 대한 성질은 각각의 함수의 극한값이 존재할 때만 성립한다.

즉, $\lim\limits_{x \to 2}\dfrac{f(x)}{x-2}=4$로 극한값이 존재하고

$\lim\limits_{x \to 2}\dfrac{x+1}{x+2}=\dfrac{3}{4}$으로 극한값이 존재하므로

$$\lim_{x \to 2}\frac{(x+1)f(x)}{(x+2)(x-2)}=\lim_{x \to 2}\left\{\frac{x+1}{x+2} \times \frac{f(x)}{x-2}\right\}$$
$$=\lim_{x \to 2}\frac{x+1}{x+2} \times \lim_{x \to 2}\frac{f(x)}{x-2}$$

4

$\lim\limits_{x \to -1}\dfrac{\sqrt{x+a}-b}{x^2-1}=-\dfrac{1}{8}$에서

$\lim\limits_{x \to -1}(x^2-1)=0$이므로 $\lim\limits_{x \to -1}(\sqrt{x+a}-b)=0$

즉, $\sqrt{-1+a}-b=0$에서 $b=\sqrt{a-1}$ $\qquad \cdots\cdots$ ㉠

㉠을 주어진 식에 대입하면

$$\lim_{x \to -1}\frac{\sqrt{x+a}-b}{x^2-1}$$
$$=\lim_{x \to -1}\frac{\sqrt{x+a}-\sqrt{a-1}}{x^2-1}$$
$$=\lim_{x \to -1}\frac{(\sqrt{x+a}-\sqrt{a-1})(\sqrt{x+a}+\sqrt{a-1})}{(x-1)(x+1)(\sqrt{x+a}+\sqrt{a-1})}$$
$$=\lim_{x \to -1}\frac{x+1}{(x-1)(x+1)(\sqrt{x+a}+\sqrt{a-1})}$$
$$=\lim_{x \to -1}\frac{1}{(x-1)(\sqrt{x+a}+\sqrt{a-1})}$$
$$=\frac{1}{-2 \times 2\sqrt{a-1}}$$
$$=-\frac{1}{4\sqrt{a-1}}=-\frac{1}{8}$$

$\sqrt{a-1}=2$이므로 $a=5$

$a=5$를 ㉠에 대입하면 $b=2$이므로

$a+b=7$ $\qquad \text{답 } ②$

5

함수 $f(x)$가 다항함수이고

$\lim\limits_{x \to \infty}\dfrac{f(x)}{x^2-x-2}=1$이므로 $f(x)$의 차수는 2이고 최고차항의 계수는 1이다.

즉, $f(x)=x^2+ax+b$ (a, b는 상수)로 놓을 수 있다.

$\lim\limits_{x \to -1}\dfrac{f(x)}{x+1}=3$에서 $\lim\limits_{x \to -1}(x+1)=0$이므로

$$\lim_{x \to -1}f(x)=\lim_{x \to -1}(x^2+ax+b)=0$$

즉, $1-a+b=0$에서 $b=a-1$ $\qquad \cdots\cdots$ ㉠

㉠을 주어진 식에 대입하면

$$\lim_{x \to -1}\frac{f(x)}{x+1}=\lim_{x \to -1}\frac{x^2+ax+b}{x+1}$$
$$=\lim_{x \to -1}\frac{x^2+ax+(a-1)}{x+1}$$
$$=\lim_{x \to -1}\frac{(x+1)(x+a-1)}{x+1}$$
$$=\lim_{x \to -1}(x+a-1)$$
$$=a-2=3$$

이므로 $a=5$

$a=5$를 ㉠에 대입하면 $b=4$

$f(x)=x^2+5x+4$이므로

$f(1)=1+5+4=10$ $\qquad \text{답 } ①$

[참고]

두 다항함수 $f(x)$, $g(x)$에 대하여

$\lim\limits_{x \to \infty}\dfrac{f(x)}{g(x)}=p$ ($p \neq 0$)이면

(1) ($f(x)$의 차수) = ($g(x)$의 차수)

(2) $p=\dfrac{(f(x)의 \ 최고차항의 \ 계수)}{(g(x)의 \ 최고차항의 \ 계수)}$

02 함수의 연속

유제

본문 10~14쪽

1 $f(0)=1$

$$\lim_{x \to 0-}f(x)=\lim_{x \to 0-}\frac{|x|}{x}=\lim_{x \to 0-}\frac{-x}{x}=-1$$
$$\lim_{x \to 0+}f(x)=\lim_{x \to 0+}\frac{|x|}{x}=\lim_{x \to 0+}\frac{x}{x}=1$$

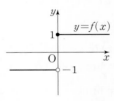

$\lim\limits_{x \to 0-}f(x)=-1$, $\lim\limits_{x \to 0+}f(x)=1$이므로

$$\lim_{x \to 0-}f(x) \neq \lim_{x \to 0+}f(x)$$

따라서 함수 $f(x)$는 $x=0$에서 불연속이다.

답 함수 $f(x)$는 $x=0$에서 불연속이다.

2 (1) $f(-1)=1$

$\lim\limits_{x \to -1-} f(x)=0$이고 $\lim\limits_{x \to -1+} f(x)=1$이므로

$\lim\limits_{x \to -1-} f(x) \neq \lim\limits_{x \to -1+} f(x)$

즉, 극한값 $\lim\limits_{x \to -1} f(x)$가 존재하지 않는다.

따라서 함수 $f(x)$는 $x=-1$에서 불연속이다.

(2) $f(1)=1$

$\lim\limits_{x \to 1-} f(x)=-1$이고 $\lim\limits_{x \to 1+} f(x)=-1$이므로

$\lim\limits_{x \to 1-} f(x)=\lim\limits_{x \to 1+} f(x)$

즉, $\lim\limits_{x \to 1} f(x)=-1$이지만 $\lim\limits_{x \to 1} f(x) \neq f(1)$이므로

함수 $f(x)$는 $x=1$에서 불연속이다.

답 (1) 함수 $f(x)$는 $x=-1$에서 불연속이다.

(2) 함수 $f(x)$는 $x=1$에서 불연속이다.

3 ㄱ. $f(0)=1$, $f(1)=0$이므로 $f(0)+f(1)=1$ (참)

ㄴ. $\lim\limits_{x \to 0+} f(x)=\lim\limits_{x \to 0-} f(x)=0$이므로 $\lim\limits_{x \to 0} f(x)=0$이고

$\lim\limits_{x \to 1+} f(x)=\lim\limits_{x \to 1-} f(x)=1$이므로 $\lim\limits_{x \to 1} f(x)=1$이므로

열린구간 $(-2, 2)$에서 함수 $f(x)$의 극한값이 존재하지

않는 x의 값은 없다. (거짓)

ㄷ. (i) $\lim\limits_{x \to 0} f(x)=0$이지만 $f(0)=1$이므로

$\lim\limits_{x \to 0} f(x) \neq f(0)$

(ii) $\lim\limits_{x \to 1} f(x)=1$이지만 $f(1)=0$이므로

$\lim\limits_{x \to 1} f(x) \neq f(1)$

(i), (ii)에 의하여 함수 $f(x)$는 $x=0$과 $x=1$에서 불연속

이므로 불연속이 되는 x의 값은 2개이다. (참)

따라서 옳은 것은 ㄱ, ㄷ이다. **답** ㄱ, ㄷ

4 함수 $f(x)$가 실수 전체의 집합에서 연속이려면 $x=1$에서

도 연속이어야 하므로

$\lim\limits_{x \to 1-} f(x)=\lim\limits_{x \to 1+} f(x)=f(1)$

$\lim\limits_{x \to 1-} f(x)=\lim\limits_{x \to 1-} (-2x+3)=1$

$\lim\limits_{x \to 1+} f(x)=\lim\limits_{x \to 1+} (ax^2-1)=a-1$

즉, $a-1=1$이므로 $a=2$ **답** ⑤

5 함수 $(x+k)f(x)$가 $x=1$에서 연속이기 위해서는

$\lim\limits_{x \to 1-} (x+k)f(x)=\lim\limits_{x \to 1+} (x+k)f(x)=(1+k)f(1)$

$\lim\limits_{x \to 1-} (x+k)f(x)=\lim\limits_{x \to 1-} (x+k) \times \lim\limits_{x \to 1-} (x+1)$

$=(1+k) \times 2=2(k+1)$

$\lim\limits_{x \to 1+} (x+k)f(x)=\lim\limits_{x \to 1+} (x+k) \times \lim\limits_{x \to 1+} 1$

$=(1+k) \times 1=k+1$

즉, $2(k+1)=k+1$이므로 $k=-1$ **답** ⑤

6 $f(x)=\begin{cases} -x+3 & (x \leq 0) \\ -x^2+2x+3 & (x>0) \end{cases}$에서

$-x^2+2x+3=-(x-1)^2+4$이므로

$f(x)=\begin{cases} -x+3 & (x \leq 0) \\ -(x-1)^2+4 & (x>0) \end{cases}$

주어진 함수 $f(x)$의 그래프를 그리면 다음과 같다.

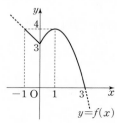

함수 $f(x)$는 닫힌구간 $[-1, 3]$에서 연속이고, 최대·최소

정리에 의하여 최댓값과 최솟값이 모두 존재한다.

$f(-1)=-(-1)+3=4$

$f(0)=0+3=3$

$f(1)=-1^2+2 \times 1+3=4$

$f(3)=-3^2+2 \times 3+3=0$

따라서 최댓값 $M=4$, 최솟값 $m=0$이므로

$M+m=4$ **답** ④

7 함수 $y=|x^2-k|$는

(i) $x^2 \geq k$일 때, 즉 $x \geq \sqrt{k}$ 또는 $x \leq -\sqrt{k}$일 때 $y=x^2-k$

(ii) $x^2<k$일 때, 즉 $-\sqrt{k}<x<\sqrt{k}$일 때 $y=-x^2+k$

$k>1$이므로 주어진 함수 $f(x)$의 그래프를 그리면 다음과

같다.

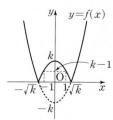

$f(-1)=|1-k|=k-1$

$f(0)=k$

$f(1)=|1-k|=k-1$

즉, 최댓값 $M=k$, 최솟값 $m=k-1$이므로

$M+m=k+(k-1)=2k-1$

따라서 $2k-1=7$에서 $k=4$ **답** ⑤

8 $f(-2) \times f(-1)=-1 \times 2=-2(<0)$이므로

구간 $(-2, -1)$에서 실근이 적어도 1개 존재한다.

$f(0) \times f(1)=3 \times (-2)=-6(<0)$이므로 구간 $(0, 1)$에서

실근이 적어도 1개 존재한다.

$f(1) \times f(2) = -2 \times 1 = -2(<0)$이므로 구간 $(1, 2)$에서 실근이 적어도 1개 존재한다.

따라서 방정식 $f(x) = 0$은 적어도 3개의 실근을 가지므로 자연수 n의 최댓값은 3이다. 답 ③

9 방정식 $f(x) = 0$이 열린구간 $(1, 3)$에서 중근이 아닌 단 한 개의 실근을 갖기 위해서는 사잇값의 정리에 의하여 $f(1)f(3) < 0$이어야 한다.

즉, $(a-3)(a-5) < 0$이므로 $3 < a < 5$

따라서 구하는 자연수는 4이다. 답 ③

본문 15쪽

기본 핵심 문제

1 ④	2 ①	3 ⑤	4 ⑤	5 ③

1

함수 $f(x)$가 모든 실수 x에서 연속이려면 $x = -1$에서도 연속이어야 한다.

즉, $\lim\limits_{x \to -1} f(x) = f(-1)$이어야 하므로

$\lim\limits_{x \to -1} \dfrac{x^2 + 3x + a}{x+1} = 1$에서 $\lim\limits_{x \to -1} (x+1) = 0$이므로

$\lim\limits_{x \to -1} (x^2 + 3x + a) = 0$, 즉 $(-1)^2 + 3 \times (-1) + a = 0$

따라서 $a = 2$ 답 ④

2

$x \leq -1$이면 $f(x) = \dfrac{|x|}{x} = \dfrac{-x}{x} = -1$

$x \geq 1$이면 $f(x) = \dfrac{|x|}{x} = \dfrac{x}{x} = 1$

$-1 < x < 1$이면 $f(x) = -x$

주어진 함수 $f(x)$의 그래프를 그리면 다음과 같다.

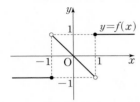

함수 $(x^2 + ax + b)f(x)$가 모든 실수 x에서 연속이려면 $x = -1$과 $x = 1$에서도 연속이어야 한다.

$g(x) = (x^2 + ax + b)f(x)$라 하면

즉, $\lim\limits_{x \to -1} g(x) = g(-1)$이고 $\lim\limits_{x \to 1} g(x) = g(1)$이어야 한다.

(i) $\lim\limits_{x \to -1} g(x) = g(-1)$일 때

$\lim\limits_{x \to -1-} g(x) = \lim\limits_{x \to -1-} (x^2 + ax + b)f(x)$
$\qquad = (1 - a + b) \times (-1)$
$\qquad = a - b - 1$

$\lim\limits_{x \to -1+} g(x) = \lim\limits_{x \to -1+} (x^2 + ax + b)f(x)$
$\qquad = (1 - a + b) \times 1$
$\qquad = 1 - a + b$

즉, $a - b - 1 = 1 - a + b$에서

$a - b = 1$ ...... ㉠

(ii) $\lim\limits_{x \to 1} g(x) = g(1)$일 때

$\lim\limits_{x \to 1-} g(x) = \lim\limits_{x \to 1-} (x^2 + ax + b)f(x)$
$\qquad = (1 + a + b) \times (-1)$
$\qquad = -a - b - 1$

$\lim\limits_{x \to 1+} g(x) = \lim\limits_{x \to 1+} (x^2 + ax + b)f(x)$
$\qquad = (1 + a + b) \times 1$
$\qquad = a + b + 1$

즉, $-a - b - 1 = a + b + 1$에서

$a + b = -1$ ...... ㉡

㉠, ㉡을 연립하여 풀면 $a = 0$, $b = -1$

따라서 $a^2 + b^2 = 0^2 + (-1)^2 = 1$ 답 ①

3

이차함수 $f(x)$는 실수 전체의 집합에서 연속이므로 함수 $\dfrac{1}{f(x)}$이 실수 전체의 집합에서 연속이기 위해서는 모든 실수 x에 대하여 $f(x) \neq 0$이어야 한다.

즉, 이차방정식 $x^2 - 4x + k = 0$의 판별식을 D라 하면

$\dfrac{D}{4} = 2^2 - k < 0$, $k > 4$

따라서 정수 k의 최솟값은 5이다. 답 ⑤

4

주어진 함수 $f(x)$의 그래프를 그리면 그림과 같다.

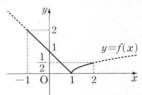

함수 $f(x)$는 닫힌구간 $[-1, 2]$에서 연속이고, 최대·최소 정리에 의하여 최댓값과 최솟값이 모두 존재한다.

$f(-1) = 1 - (-1) = 2$

$f(1) = 1 - 1 = 0$

$$f(2)=1-\frac{1}{2}=\frac{1}{2}$$

따라서 최댓값 $M=2$, 최솟값 $m=0$이므로

$M+m=2$ 답 ⑤

5

조건 (가)에서 함수 $f(x)$가 모든 실수 x에 대하여

$f(-x)=-f(x)$이므로 함수 $y=f(x)$의 그래프는 원점에 대하여 대칭이다. 또한 함수 $f(x)$의 그래프는 원점 $(0, 0)$을 지난다.

조건 (나)에서 $f(1)f(2)<0$이므로 $f(-1)f(-2)<0$이고,

$f(2)f(3)<0$이므로 $f(-2)f(-3)<0$

함수 $f(x)$는 연속함수이므로 사잇값의 정리에 의하여 방정식 $f(x)=0$은 네 열린구간 $(1, 2)$, $(-2, -1)$, $(2, 3)$, $(-3, -2)$에서 각각 적어도 하나의 실근을 갖는다.

또한 $x=0$이 방정식 $f(x)=0$의 한 실근이다.

따라서 방정식 $f(x)=0$의 실근은 적어도 5개 존재하므로 자연수 n의 최댓값은 5이다.   답 ③

단원 종합 문제

본문 16~18쪽

1	①	2	③	3	④	4	④
5	③	6	⑤	7	④	8	④
9	④	10	①	11	3	12	5

1

$$\lim_{x\to\infty}(\sqrt{x^2+2x+3}-x)$$
$$=\lim_{x\to\infty}\frac{(\sqrt{x^2+2x+3}-x)(\sqrt{x^2+2x+3}+x)}{\sqrt{x^2+2x+3}+x}$$
$$=\lim_{x\to\infty}\frac{2x+3}{\sqrt{x^2+2x+3}+x}$$
$$=\lim_{x\to\infty}\frac{2+\frac{3}{x}}{\sqrt{1+\frac{2}{x}+\frac{3}{x^2}}+1}$$
$$=1$$ 답 ①

2

$\lim_{x\to2}\frac{x^2+ax+b}{x-2}=3$이고 $\lim_{x\to2}(x-2)=0$이므로

$\lim_{x\to2}(x^2+ax+b)=0$이어야 한다.

$4+2a+b=0$이므로 $b=-2a-4$ ⋯⋯ ㉠

㉠을 주어진 식에 대입하면

$$\lim_{x\to2}\frac{x^2+ax+b}{x-2}=\lim_{x\to2}\frac{x^2+ax-2a-4}{x-2}$$
$$=\lim_{x\to2}\frac{(x-2)(x+a+2)}{x-2}$$
$$=\lim_{x\to2}(x+a+2)$$
$$=a+4$$

$a+4=3$에서 $a=-1$

$a=-1$을 ㉠에 대입하면 $b=-2$

따라서 $a+b=-1+(-2)=-3$ 답 ③

3

함수 $y=f(x)$의 그래프에서

$\lim_{x\to1-}f(x)=0$, $\lim_{x\to-1+}f(x)=2$, $f(0)=1$이므로

$\lim_{x\to1-}f(x)+\lim_{x\to-1+}f(x)+f(0)=0+2+1=3$ 답 ④

4

함수 $f(x)$가 다항함수이고 $\lim_{x\to\infty}\frac{f(x)}{x^2+x-3}=2$이므로 $f(x)$의 차수는 2이고 최고차항의 계수가 2이다.

즉, $f(x)=2x^2+ax+b$ (a, b는 상수)라 하면

$\lim_{x\to1}\frac{f(x)}{x^2-1}=1$에서 $\lim_{x\to1}(x^2-1)=0$이므로

$\lim_{x\to1}f(x)=0$이어야 한다.

즉, $\lim_{x\to1}(2x^2+ax+b)=0$에서 $2+a+b=0$

$b=-a-2$ ⋯⋯ ㉠

$$\lim_{x\to1}\frac{f(x)}{x^2-1}=\lim_{x\to1}\frac{2x^2+ax+b}{x^2-1}$$
$$=\lim_{x\to1}\frac{2x^2+ax-a-2}{x^2-1}$$
$$=\lim_{x\to1}\frac{(x-1)(2x+a+2)}{(x+1)(x-1)}$$
$$=\frac{4+a}{2}=1$$

$a=-2$이고 이것을 ㉠에 대입하면 $b=0$

즉, $f(x)=2x^2-2x$

따라서 $f(2)=2\times2^2-2\times2=4$ 답 ④

5

$x\neq-2$이고 $x\neq1$일 때

$$f(x)=\frac{x^3+ax+b}{x^2+x-2}=\frac{x^3+ax+b}{(x+2)(x-1)}$$

함수 $f(x)$가 모든 실수에서 연속이려면 $x=1$과 $x=-2$일 때 극한값이 각각 존재해야 한다.

$x=1$일 때 $\lim_{x\to1}(x^2+x-2)=0$이므로

$$\lim_{x \to 1}(x^3+ax+b)=0$$

즉, $1+a+b=0$ ...... ㉠

$x=-2$일 때 $\lim\limits_{x \to -2}(x^2+x-2)=0$이므로

$$\lim_{x \to -2}(x^3+ax+b)=0$$

즉, $-8-2a+b=0$ ...... ㉡

㉠, ㉡을 연립하여 풀면 $a=-3$, $b=2$

$$f(x)=\frac{x^3-3x+2}{(x+2)(x-1)}$$

$$=\frac{(x-1)^2(x+2)}{(x+2)(x-1)}$$

$$=x-1$$

따라서 $f(1)=0$ 답 ③

6

함수 $f(x)$가 모든 실수 x에서 연속이므로 $x=2$에서도 연속이어야 한다. 즉, $\lim\limits_{x \to 2}f(x)=f(2)$

$$\lim_{x \to 2}\frac{x^2+x+a}{x-2}=b$$ ...... ㉠

이고, $\lim\limits_{x \to 2}(x-2)=0$이므로 $\lim\limits_{x \to 2}(x^2+x+a)=0$

즉, $4+2+a=0$에서 $a=-6$

이것을 ㉠에 대입하면

$$\lim_{x \to 2}\frac{x^2+x-6}{x-2}=\lim_{x \to 2}\frac{(x+3)(x-2)}{x-2}$$

$$=\lim_{x \to 2}(x+3)$$

$$=5$$

즉, $b=5$

따라서 $|a-b|=|-6-5|=11$ 답 ⑤

7

$f(x+2)=f(x)$에서 $f(-1)=f(1)$이므로

$0=a+b$ ...... ㉠

함수 $f(x)$는 모든 실수 x에 대하여 연속이므로 $x=0$에서도 연속이다. 즉,

$$\lim_{x \to 0-}f(x)=\lim_{x \to 0+}f(x)=f(0)$$

이므로 $1=b$ ...... ㉡

㉠, ㉡에서 $a=-1$, $b=1$

따라서 $f(x)=\begin{cases} \sqrt{x+1} & (-1 \le x < 0) \\ -x+1 & (0 \le x \le 1) \end{cases}$

이고 자연수 k에 대하여

$f(0)=f(2)=f(4)=\cdots=f(2k)=1$,

$f(1)=f(3)=f(5)=\cdots=f(2k+1)=0$

이므로 $f(2020)=f(2 \times 1010)=1$

$f(2021)=f(2 \times 1010+1)=0$

그러므로 $f(2020)-f(2021)=1-0=1$ 답 ④

8

$g(x)=(x-a)f(x)$라 하면 함수 $g(x)$가 $x=2$에서 연속이므로

$$\lim_{x \to 2+}g(x)=\lim_{x \to 2-}g(x)=g(2)$$ ...... ㉠

$$\lim_{x \to 2+}g(x)=\lim_{x \to 2+}(x-a)f(x)=(2-a) \times 2=4-2a$$

$$\lim_{x \to 2-}g(x)=\lim_{x \to 2-}(x-a)f(x)=(2-a) \times 1=2-a$$

$$g(2)=(2-a) \times (-1)=a-2$$

㉠에서 $4-2a=2-a=a-2$

따라서 $a=2$ 답 ④

9

ㄱ. $\lim\limits_{x \to 2+}f(x)=3$, $\lim\limits_{x \to 2-}f(x)=3$이므로

    $\lim\limits_{x \to 2}f(x)=3$ (거짓)

ㄴ. $\lim\limits_{x \to 4+}f(x)=3$, $\lim\limits_{x \to 4-}f(x)=1$이므로

    $\lim\limits_{x \to 4+}f(x) \ne \lim\limits_{x \to 4-}f(x)$

    따라서 $x=4$에서 함수 $f(x)$의 극한값은 존재하지 않는다. (참)

ㄷ. (i) $x=2$일 때, $\lim\limits_{x \to 2}f(x)=3$이지만 $f(2)=2$이므로

      $\lim\limits_{x \to 2}f(x) \ne f(2)$

      즉, $x=2$에서 함수 $f(x)$는 불연속이다.

    (ii) $x=4$일 때, $\lim\limits_{x \to 4+}f(x) \ne \lim\limits_{x \to 4-}f(x)$이므로

      $x=4$에서 함수 $f(x)$는 불연속이다.

    (i), (ii)에 의하여 함수 $f(x)$는 불연속인 점이 2개이다.

                                    (참)

따라서 옳은 것은 ㄴ, ㄷ이다.   답 ④

10

조건 (가)에서 함수 $f(x)$가 모든 실수 x에 대하여 $f(-x)=f(x)$이므로 함수 $y=f(x)$의 그래프는 y축에 대하여 대칭이다.

조건 (나)에서 $f(-1)f(0)<0$이므로 $f(0)f(1)<0$이고, $f(1)f(2)<0$이므로 $f(-2)f(-1)<0$이다.

함수 $f(x)$는 연속함수이므로 사잇값의 정리에 의하여 방정식 $f(x)=0$은 네 열린구간 $(-2, -1)$, $(-1, 0)$, $(0, 1)$, $(1, 2)$에서 각각 적어도 1개의 실근을 갖는다.

따라서 정수 n의 값은 -2, -1, 0, 1이므로 구하는 합은 $-2+(-1)+0+1=-2$ 답 ①

11

$g(x)=f(x)-x$로 놓는다.

$g(-2)=f(-2)-(-2)=2+2=4(>0)$

$g(-1)=f(-1)-(-1)=-2+1=-1(<0)$

$g(0)=f(0)-0=2-0=2(>0)$

$g(1)=f(1)-1=2-1=1(>0)$

$g(2)=f(2)-2=-3-2=-5(<0)$

❶

$-2<x<-1$, $-1<x<0$, $1<x<2$에서 각각 적어도 하나의 실근을 갖는다.

❷

따라서 방정식 $f(x)=x$는 닫힌구간 $[-2, 2]$에서 적어도 3개의 실근을 가지므로 자연수 n의 최댓값은 3이다.

❸

답 3

단계	채점기준	비율
❶	$x=-2$, $x=-1$, $x=0$, $x=1$, $x=2$일 때의 $f(x)-x$의 부호를 결정한 경우	40%
❷	적어도 하나의 실근을 갖는 구간을 구한 경우	30%
❸	자연수 n의 최댓값을 구한 경우	30%

12

함수 $f(x)$가 구간 $(-\infty, \infty)$에서 연속이기 위해서는 $x=-1$과 $x=1$에서도 연속이어야 한다.

❶

(i) $x=-1$에서 연속이려면

$\displaystyle\lim_{x\to -1-}f(x)=\lim_{x\to -1+}f(x)=f(-1)$

$\displaystyle\lim_{x\to -1-}(ax+b)=\lim_{x\to -1+}(-x^2+2x+2)=-a+b$

$-a+b=-1-2+2=-a+b$

즉, $-a+b=-1$ ...... ㉠

❷

(ii) $x=1$에서 연속이려면

$\displaystyle\lim_{x\to 1-}f(x)=\lim_{x\to 1+}f(x)=f(1)$

$\displaystyle\lim_{x\to 1-}(-x^2+2x+2)=\lim_{x\to 1+}(ax+b)=a+b$

$-1+2+2=a+b=a+b$

즉, $a+b=3$ ...... ㉡

❸

㉠, ㉡을 연립하여 풀면 $a=2$, $b=1$

따라서 $a^2+b^2=2^2+1^2=5$

❹

답 5

단계	채점기준	비율
❶	함수 $f(x)$가 구간 $(-\infty, \infty)$에서 연속이기 위한 조건을 제시한 경우	10%
❷	$x=-1$에서 함수 $f(x)$가 연속일 조건을 구한 경우	40%
❸	$x=1$에서 함수 $f(x)$가 연속일 조건을 구한 경우	40%
❹	a^2+b^2의 값을 구한 경우	10%

수능 맛보기

본문 19쪽

1

직선 $y=-x+t$와 원 $x^2+y^2=1$이 접할 때는

$y=-x+t$를 $x^2+y^2=1$에 대입하면

$x^2+(-x+t)^2=1$에서 $2x^2-2tx+t^2-1=0$

이 이차방정식의 판별식을 D라 하면

$\dfrac{D}{4}=t^2-2(t^2-1)=0$에서 $t^2=2$

즉, $t=\sqrt{2}$ 또는 $t=-\sqrt{2}$

$f(t)$는 실수 t의 값에 따라 직선 $y=-x+t$와 원 $x^2+y^2=1$이 만나는 점의 개수이므로 다음 그림과 같다.

따라서 t의 값에 따라 함수 $y=f(t)$의 그래프는 다음과 같다.

$$f(t)=\begin{cases} 0 & (t>\sqrt{2}) \\ 1 & (t=\sqrt{2}) \\ 2 & (-\sqrt{2}<t<\sqrt{2}) \\ 1 & (t=-\sqrt{2}) \\ 0 & (t<-\sqrt{2}) \end{cases}$$

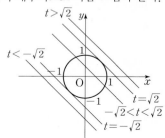

함수 $(x^2+ax+b)f(x)$가 모든 실수 x에서 연속이므로 $x=\sqrt{2}$와 $x=-\sqrt{2}$에서도 연속이다.

$g(x)=(x^2+ax+b)f(x)$라 하면

$\displaystyle\lim_{x\to\sqrt{2}+}g(x)=\lim_{x\to\sqrt{2}-}g(x)=g(\sqrt{2})$이고,

$\displaystyle\lim_{x\to -\sqrt{2}+}g(x)=\lim_{x\to -\sqrt{2}-}g(x)=g(-\sqrt{2})$이다.

(i) $\lim\limits_{x \to \sqrt{2}+} g(x) = \lim\limits_{x \to \sqrt{2}-} g(x) = g(\sqrt{2})$에서

$\lim\limits_{x \to \sqrt{2}+} \{(x^2+ax+b)f(x)\} = \lim\limits_{x \to \sqrt{2}-} \{(x^2+ax+b)f(x)\}$
$= (2+\sqrt{2}a+b)f(\sqrt{2})$

$(2+\sqrt{2}a+b) \times 0 = (2+\sqrt{2}a+b) \times 2$
$= (2+\sqrt{2}a+b) \times 1$

즉, $\sqrt{2}a+b = -2$ ...... ㉠

(ii) $\lim\limits_{x \to -\sqrt{2}+} g(x) = \lim\limits_{x \to -\sqrt{2}-} g(x) = g(-\sqrt{2})$에서

$\lim\limits_{x \to -\sqrt{2}+} \{(x^2+ax+b)f(x)\}$
$= \lim\limits_{x \to -\sqrt{2}-} \{(x^2+ax+b)f(x)\}$
$= (2-\sqrt{2}a+b)f(-\sqrt{2})$

$(2-\sqrt{2}a+b) \times 0 = (2-\sqrt{2}a+b) \times 2$
$= (2-\sqrt{2}a+b) \times 1$

즉, $\sqrt{2}a-b = 2$ ...... ㉡

㉠, ㉡을 연립하여 풀면 $a=0$, $b=-2$

따라서 $a+b = -2$ **답** ②

2

$x \geq 0$에서 직선 $y=|x|+t$, 즉 $y=x+t$와 곡선 $y=x^2$이 접할 때는
$y=x+t$를 $y=x^2$에 대입하면
$x+t=x^2$에서 $x^2-x-t=0$
이 이차방정식의 판별식을 D라 하면
$D = 1-4 \times 1 \times (-t) = 0$
즉, $t = -\dfrac{1}{4}$

$f(t)$는 실수 t의 값에 따라 함수 $y=|x|+t$의 그래프와 곡선 $y=x^2$이 만나는 점의 개수이므로 다음 그림과 같다.

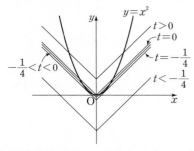

따라서 t의 값에 따라 함수 $y=f(t)$의 그래프는 다음과 같다.

$$f(t) = \begin{cases} 2 & (t>0) \\ 3 & (t=0) \\ 4 & \left(-\dfrac{1}{4}<t<0\right) \\ 2 & \left(t=-\dfrac{1}{4}\right) \\ 0 & \left(t<-\dfrac{1}{4}\right) \end{cases}$$

함수 $(x^2+ax+b)f(x)$가 모든 실수 x에서 연속이므로 $x=-\dfrac{1}{4}$과 $x=0$에서도 연속이다.

$g(x) = (x^2+ax+b)f(x)$라 하면

$\lim\limits_{x \to -\frac{1}{4}+} g(x) = \lim\limits_{x \to -\frac{1}{4}-} g(x) = g\left(-\dfrac{1}{4}\right)$이고,

$\lim\limits_{x \to 0+} g(x) = \lim\limits_{x \to 0-} g(x) = g(0)$이다.

(i) $\lim\limits_{x \to -\frac{1}{4}+} g(x) = \lim\limits_{x \to -\frac{1}{4}-} g(x) = g\left(-\dfrac{1}{4}\right)$에서

$\lim\limits_{x \to -\frac{1}{4}+} \{(x^2+ax+b)f(x)\}$
$= \lim\limits_{x \to -\frac{1}{4}-} \{(x^2+ax+b)f(x)\}$
$= \left(\dfrac{1}{16}-\dfrac{a}{4}+b\right)f\left(-\dfrac{1}{4}\right)$

$\left(\dfrac{1}{16}-\dfrac{a}{4}+b\right) \times 4 = \left(\dfrac{1}{16}-\dfrac{a}{4}+b\right) \times 0 = \left(\dfrac{1}{16}-\dfrac{a}{4}+b\right) \times 2$

즉, $4a-16b = 1$ ...... ㉠

(ii) $\lim\limits_{x \to 0+} g(x) = \lim\limits_{x \to 0-} g(x) = g(0)$에서

$\lim\limits_{x \to 0+} \{(x^2+ax+b)f(x)\} = \lim\limits_{x \to 0-} \{(x^2+ax+b)f(x)\}$
$= b \times f(0)$

$b \times 2 = b \times 4 = b \times 3$

즉, $b = 0$ ...... ㉡

㉠, ㉡에서 $a = \dfrac{1}{4}$, $b = 0$

따라서 $a+b = \dfrac{1}{4}$ **답** ③

Ⅱ. 미분

01 미분계수와 도함수

유제

본문 20~24쪽

1 (1) x의 값이 -1에서 2까지 변할 때 x의 증분 Δx는

$\Delta x = 2 - (-1) = 3$

이때 y의 증분 Δy는

$\Delta y = f(2) - f(-1) = 2^2 - (-1)^2 = 4 - 1 = 3$

따라서 구하는 평균변화율은

$\dfrac{\Delta y}{\Delta x} = \dfrac{f(2) - f(-1)}{2 - (-1)} = \dfrac{3}{3} = 1$

(2) x의 값이 1에서 $1+h$까지 변할 때 평균변화율은

$\dfrac{\Delta y}{\Delta x} = \dfrac{f(1+h) - f(1)}{(1+h) - 1} = \dfrac{(1+h)^2 - 1^2}{h}$

$= \dfrac{h^2 + 2h}{h} = h + 2$

답 (1) 1 (2) $h+2$

2 x의 값이 1에서 3까지 변할 때 평균변화율은

$\dfrac{\Delta y}{\Delta x} = \dfrac{f(3) - f(1)}{3 - 1} = \dfrac{(10 + 3a) - (2 + a)}{2}$

$= \dfrac{8 + 2a}{2} = 4 + a$

이므로 $4 + a = 3$에서 $a = -1$

답 ③

3 (1) $f'(2) = \lim\limits_{h \to 0} \dfrac{f(2+h) - f(2)}{h}$

$= \lim\limits_{h \to 0} \dfrac{\{-(2+h)^2 + 1\} - (-2^2 + 1)}{h}$

$= \lim\limits_{h \to 0} \dfrac{-h^2 - 4h}{h}$

$= \lim\limits_{h \to 0} \dfrac{h(-h-4)}{h}$

$= \lim\limits_{h \to 0} (-h - 4) = -4$

(2) $\lim\limits_{h \to 0} \dfrac{f(2+2h) - f(2-h)}{h}$

$= \lim\limits_{h \to 0} \dfrac{f(2+2h) - f(2) + f(2) - f(2-h)}{h}$

$= \lim\limits_{h \to 0} \left\{ \dfrac{f(2+2h) - f(2)}{h} - \dfrac{f(2-h) - f(2)}{h} \right\}$

$= \lim\limits_{h \to 0} \left\{ \dfrac{f(2+2h) - f(2)}{h} + \dfrac{f(2-h) - f(2)}{-h} \right\}$

$= \lim\limits_{h \to 0} \dfrac{f(2+2h) - f(2)}{2h} \times 2 + \lim\limits_{h \to 0} \dfrac{f(2-h) - f(2)}{-h}$

$= f'(2) \times 2 + f'(2) = 3f'(2)$

$= 3 \times (-4) = -12$

답 (1) -4 (2) -12

[다른 풀이]

(1) $f'(2) = \lim\limits_{x \to 2} \dfrac{f(x) - f(2)}{x - 2} = \lim\limits_{x \to 2} \dfrac{(-x^2 + 1) - (-3)}{x - 2}$

$= \lim\limits_{x \to 2} \dfrac{-x^2 + 4}{x - 2} = \lim\limits_{x \to 2} \dfrac{-(x+2)(x-2)}{x - 2}$

$= \lim\limits_{x \to 2} (-x - 2) = -4$

(2) $f(x) = -x^2 + 1$에서

$f(2+2h) = -(2+2h)^2 + 1 = -4h^2 - 8h - 3$

$f(2-h) = -(2-h)^2 + 1 = -h^2 + 4h - 3$이므로

$\lim\limits_{h \to 0} \dfrac{f(2+2h) - f(2-h)}{h}$

$= \lim\limits_{h \to 0} \dfrac{(-4h^2 - 8h - 3) - (-h^2 + 4h - 3)}{h}$

$= \lim\limits_{h \to 0} \dfrac{-3h^2 - 12h}{h} = \lim\limits_{h \to 0} \dfrac{h(-3h - 12)}{h}$

$= \lim\limits_{h \to 0} (-3h - 12) = -12$

4 $f(x) = -x^2 + 3x$라 하면 구하는 접선의 기울기는

함수 $f(x)$의 $x = 3$에서의 미분계수 $f'(3)$과 같으므로

$f'(3) = \lim\limits_{h \to 0} \dfrac{f(3+h) - f(3)}{h}$

$= \lim\limits_{h \to 0} \dfrac{\{-(3+h)^2 + 3(3+h)\} - (-3^2 + 3 \times 3)}{h}$

$= \lim\limits_{h \to 0} \dfrac{-h^2 - 3h}{h}$

$= \lim\limits_{h \to 0} \dfrac{h(-h-3)}{h}$

$= \lim\limits_{h \to 0} (-h - 3) = -3$

답 ②

5 $f(2) = 2^2 - 2 = 2$이고

$\lim\limits_{x \to 2+} f(x) = \lim\limits_{x \to 2+} (x^2 - x) = 2^2 - 2 = 2$

$\lim\limits_{x \to 2-} f(x) = \lim\limits_{x \to 2-} (2x - 2) = 2 \times 2 - 2 = 2$

이므로 $\lim\limits_{x \to 2} f(x) = 2$

$\lim\limits_{x \to 2} f(x) = f(2)$이므로 함수 $f(x)$는 $x = 2$에서 연속이다.

그런데

(i) $\lim\limits_{x \to 2+} \dfrac{f(x) - f(2)}{x - 2} = \lim\limits_{x \to 2+} \dfrac{(x^2 - x) - 2}{x - 2}$

$= \lim\limits_{x \to 2+} \dfrac{x^2 - x - 2}{x - 2}$

$= \lim\limits_{x \to 2+} \dfrac{(x-2)(x+1)}{x - 2}$

$= \lim\limits_{x \to 2+} (x + 1) = 3$

(ii) $\lim\limits_{x \to 2-} \dfrac{f(x) - f(2)}{x - 2} = \lim\limits_{x \to 2-} \dfrac{(2x - 2) - 2}{x - 2}$

$= \lim\limits_{x \to 2-} \dfrac{2(x - 2)}{x - 2}$

$$=\lim_{x \to 2-}2=2$$

(i), (ii)에서 $\lim\limits_{x \to 2+}\dfrac{f(x)-f(2)}{x-2} \neq \lim\limits_{x \to 2-}\dfrac{f(x)-f(2)}{x-2}$ 이므로

$f'(2)$가 존재하지 않는다.

즉, 함수 $f(x)$는 $x=2$에서 미분가능하지 않다.

따라서 함수 $f(x)$는 $x=2$에서 연속이지만 미분가능하지 않다.

🗒 함수 $f(x)$는 $x=2$에서 연속이지만 미분가능하지 않다.

6 $f'(x)=\lim\limits_{h \to 0}\dfrac{f(x+h)-f(x)}{h}$

$\quad=\lim\limits_{h \to 0}\dfrac{\{-2(x+h)^2+4(x+h)\}-(-2x^2+4x)}{h}$

$\quad=\lim\limits_{h \to 0}\dfrac{-4hx-2h^2+4h}{h}$

$\quad=\lim\limits_{h \to 0}\dfrac{h(-4x-2h+4)}{h}$

$\quad=\lim\limits_{h \to 0}(-4x-2h+4)$

$\quad=-4x+4$

즉, $f'(x)=-4x+4$ $\qquad\qquad$ ······ ㉠

함수 $f(x)$의 $x=1$에서의 미분계수는 $f'(1)$이므로

㉠에 $x=1$을 대입하면

$f'(1)=-4+4=0$ $\qquad$ 🗒 $f'(x)=-4x+4, f'(1)=0$

7 (1) $f'(x)=5x^{5-1}=5x^4$

(3) $y'=100x^{100-1}=100x^{99}$

$\qquad\qquad\qquad$ 🗒 (1) $f'(x)=5x^4$ (2) $f'(x)=0$

$\qquad\qquad\qquad\qquad$ (3) $y'=100x^{99}$ (4) $y'=0$

8 (1) $y'=\left(-\dfrac{1}{3}x^3\right)'+\left(\dfrac{1}{2}x^2\right)'+(3x)'=-x^2+x+3$

(2) $y'=(4x^2)'(x^2-x+1)+(4x^2)(x^2-x+1)'$

$\quad=8x(x^2-x+1)+4x^2(2x-1)$

$\quad=8x^3-8x^2+8x+8x^3-4x^2$

$\quad=16x^3-12x^2+8x$

$\qquad\qquad$ 🗒 (1) $y'=-x^2+x+3$ (2) $y'=16x^3-12x^2+8x$

[다른 풀이]

(2) 전개하여 정리하면 $y=4x^4-4x^3+4x^2$이므로

$\quad y'=(4x^4)'+(-4x^3)'+(4x^2)'$

$\quad=16x^3-12x^2+8x$

9 $y'=(x^2)'(x+1)(x-1)+x^2(x+1)'(x-1)$

$\qquad\qquad\qquad\qquad\qquad\quad+x^2(x+1)(x-1)'$

$\quad=2x(x+1)(x-1)+x^2\times1\times(x-1)+x^2(x+1)\times1$

$\quad=2x^3-2x+x^3-x^2+x^3+x^2$

$\quad=4x^3-2x$ $\qquad\qquad\qquad$ 🗒 $y'=4x^3-2x$

[다른 풀이]

전개하여 정리한 후 미분한다.

$y=x^2(x+1)(x-1)=x^2(x^2-1)=x^4-x^2$이므로

$y'=4x^3-2x$

기본 핵심 문제 $\qquad\qquad\qquad\qquad$ 본문 25쪽

| 1 ⑤ | 2 ④ | 3 ① | 4 ② | 5 ④ |

1

x의 값이 -1에서 a까지 변할 때 평균변화율은

$\dfrac{\Delta y}{\Delta x}=\dfrac{f(a)-f(-1)}{a-(-1)}=\dfrac{a^2-2a-3}{a+1}$

$\quad=\dfrac{(a+1)(a-3)}{a+1}=a-3$

이므로 $a-3=7$에서 $a=10$ $\qquad\qquad$ 🗒 ⑤

2

함수 $f(x)=2x^2+ax+b$의 그래프 위의 점 $(1, 4)$에서의 접선의 기울기가 2이므로

$f(1)=4, f'(1)=2$

$f(1)=2+a+b=4$ $\qquad\qquad\qquad$ ······ ㉠

$f'(x)=4x+a$에서 $f'(1)=4+a=2$이므로

$a=-2$

㉠에 $a=-2$를 대입하면 $b=4$

따라서 $ab=-8$ $\qquad\qquad\qquad\qquad$ 🗒 ④

3

함수 $f(x)$가 $x=1$에서 미분가능하므로 $f(x)$는 $x=1$에서 연속이다.

즉, $\lim\limits_{x \to 1+}f(x)=\lim\limits_{x \to 1-}f(x)=f(1)$에서

$2+b=a=f(1)$ $\qquad\qquad\qquad\qquad$ ······ ㉠

또한 $f'(1)$이 존재하므로

(i) $\lim\limits_{h \to 0+}\dfrac{f(1+h)-f(1)}{h}$

$\quad=\lim\limits_{h \to 0+}\dfrac{\{2(1+h)+b\}-(2+b)}{h}$ (㉠에서 $f(1)=2+b$)

$\quad=\lim\limits_{h \to 0+}\dfrac{2h}{h}$

$\quad=\lim\limits_{h \to 0+}2=2$

(ii) $\lim\limits_{h \to 0-} \dfrac{f(1+h)-f(1)}{h}$

$= \lim\limits_{h \to 0-} \dfrac{\{a(1+h)^2\}-a}{h}$ 　　($\ominus$에서 $f(1)=a$)

$= \lim\limits_{h \to 0-} \dfrac{2ah+ah^2}{h}$

$= \lim\limits_{h \to 0-} \dfrac{h(2a+ah)}{h}$

$= \lim\limits_{h \to 0-} (2a+ah)=2a$

(i), (ii)에서 $2=2a$, $a=1$

$\ominus$에 $a=1$을 대입하면 $b=-1$

따라서 $a+b=0$　　　　　　　　　　　　　🖎 ①

[다른 풀이]

$f'(1)$이 존재하므로

(i) $\lim\limits_{x \to 1+} \dfrac{f(x)-f(1)}{x-1} = \lim\limits_{x \to 1+} \dfrac{(2x+b)-(2+b)}{x-1}$

$= \lim\limits_{x \to 1+} \dfrac{2(x-1)}{x-1}$

$= \lim\limits_{x \to 1+} 2=2$

(ii) $\lim\limits_{x \to 1-} \dfrac{f(x)-f(1)}{x-1} = \lim\limits_{x \to 1-} \dfrac{ax^2-a}{x-1}$

$= \lim\limits_{x \to 1-} \dfrac{a(x-1)(x+1)}{x-1}$

$= \lim\limits_{x \to 1-} a(x+1)=2a$

(i), (ii)에서 $2=2a$, $a=1$

4

$f(x)=ax^3+3x^2-ax-3$에서

$f'(x)=3ax^2+6x-a$

$f'(1)=2a+6=10$이므로 $a=2$　　　　　　🖎 ②

5

$g(x)=(x^3+1)f(x)$에서

$g'(x)=(x^3+1)'f(x)+(x^3+1)f'(x)$

$\quad\;\; =3x^2f(x)+(x^3+1)f'(x)$

$g'(2)=3\times2^2\times f(2)+(2^3+1)f'(2)$

$\quad\quad\; =12f(2)+9f'(2)$

$f(2)=3$, $f'(2)=-1$이므로

$g'(2)=12\times3+9\times(-1)=36-9=27$　🖎 ④

02 도함수의 활용 (1)

유제

본문 26~30쪽

1 $f(x)=x^2-x+1$이라 하면 $f'(x)=2x-1$

점 $(2, 3)$에서 접선의 기울기는 $f'(2)=3$

따라서 구하는 접선의 방정식은

$y-3=3(x-2)$

즉, $y=3x-3$

$a=3$, $b=-3$이므로 $a+b=0$　　　　　　🖎 ③

2 $f(x)=x^3-3x^2$이라 하면 $f'(x)=3x^2-6x$

접점의 좌표를 $(a, f(a))$라고 하면 접선의 기울기가 -3이므로

$f'(a)=3a^2-6a=-3$

$3(a^2-2a+1)=0$

$3(a-1)^2=0$에서 $a=1$

이때 $f(1)=-2$이므로 구하는 접선은 점 $(1, -2)$를 지나고 기울기가 -3인 직선이다.

따라서 구하는 접선의 방정식은

$y+2=-3(x-1)$, 즉 $y=-3x+1$　🖎 $y=-3x+1$

3 접점의 x좌표를 a라고 하면 접점의 좌표는 (a, a^2-4)

$f(x)=x^2-4$라고 하면 $f'(x)=2x$이므로 점 (a, a^2-4)에서 접선의 기울기는 $f'(a)=2a$

즉, 접점 (a, a^2-4)에서의 접선의 방정식은

$y-(a^2-4)=2a(x-a)$, $y=2ax-a^2-4$

이 접선이 점 $(0, -5)$를 지나므로

$-5=-a^2-4$, $a^2=1$

$a=-1$ 또는 $a=1$

따라서 구하는 접선의 방정식은

$y=-2x-5$ 또는 $y=2x-5$

🖎 $y=-2x-5$ 또는 $y=2x-5$

4 접점의 x좌표를 a라고 하면 접점의 좌표는 $(a, -a^2+a+3)$이다.

$f(x)=-x^2+x+3$이라 하면 $f'(x)=-2x+1$이므로 점 $(a, -a^2+a+3)$에서 접선의 기울기는 $f'(a)=-2a+1$

즉, 접점 $(a, -a^2+a+3)$에서의 접선의 방정식은

$y-(-a^2+a+3)=(-2a+1)(x-a)$

$y=(-2a+1)x+a^2+3$

이 접선이 점 $(1, 7)$을 지나므로

$7=-2a+1+a^2+3$, $a^2-2a-3=0$

$(a-3)(a+1)=0$에서 $a=-1$ 또는 $a=3$
따라서 구하는 두 접선의 기울기는
$a=-1$일 때 $f'(-1)=3$, $a=3$일 때 $f'(3)=-5$이다.
그러므로 $m_1+m_2=3+(-5)=-2$　　　　　答 ①

5 함수 $f(x)=x^2-6x+8$은 닫힌구간 $[0,6]$에서 연속이고 열린구간 $(0,6)$에서 미분가능하며 $f(0)=f(6)=8$이다.
따라서 롤의 정리에 의해 $f'(c)=0$인 c가 열린구간 $(0,6)$에 적어도 하나 존재한다.
$f'(x)=2x-6$에서 $f'(c)=2c-6=0$이므로
$c=3$　　　　　答 ③

6 함수 $f(x)=-x^3$은 닫힌구간 $[0,3]$에서 연속이고 열린구간 $(0,3)$에서 미분가능하므로 평균값 정리에 의해
$\dfrac{f(3)-f(0)}{3-0}=f'(c)$인 c가 열린구간 $(0,3)$에 적어도 하나 존재한다.
그런데 $f(0)=0$, $f(3)=-27$, $f'(c)=-3c^2$이므로
$\dfrac{-27-0}{3-0}=-3c^2$에서 $-3c^2=-9$, $c^2=3$
$0<c<3$이므로 $c=\sqrt{3}$　　　　　答 ③

7 (1) $f'(x)=-3x^2+12=-3(x+2)(x-2)$
$f'(x)=0$에서 $x=-2$ 또는 $x=2$
$f'(x)$의 부호를 조사하여 $f(x)$의 증가와 감소를 표로 나타내면 다음과 같다.

x	$\cdots$	-2	$\cdots$	2	$\cdots$
$f'(x)$	$-$	0	$+$	0	$-$
$f(x)$	$\searrow$	-15	$\nearrow$	17	$\searrow$

따라서 함수 $f(x)$는 구간 $(-\infty,-2]$, $[2,\infty)$에서 감소하고, 구간 $[-2,2]$에서 증가한다.
(2) $f'(x)=4x^3-4=4(x-1)(x^2+x+1)$
$f'(x)=0$에서 $x=1$
$f'(x)$의 부호를 조사하여 $f(x)$의 증가와 감소를 표로 나타내면 다음과 같다.

x	$\cdots$	1	$\cdots$
$f'(x)$	$-$	0	$+$
$f(x)$	$\searrow$	-4	$\nearrow$

따라서 함수 $f(x)$는 구간 $(-\infty,1]$에서 감소하고, 구간 $[1,\infty)$에서 증가한다.
　　　　　答 (1) 풀이 참조 (2) 풀이 참조

8 함수 $f(x)$가 모든 실수 x에서 증가하려면 모든 실수 x에서 $f'(x)=3x^2+2ax+2a\geq0$이어야 하므로 이차방정식 $f'(x)=0$의 판별식을 D라 하면 $D\leq0$이어야 한다. 즉,
$$\dfrac{D}{4}=a^2-3\times2a\leq0$$
$a(a-6)\leq0$, $0\leq a\leq6$
따라서 모든 정수 a의 개수는 7이다.　　　　　答 ④
[참고]
x에 대한 이차부등식 $ax^2+bx+c\geq0$이 모든 실수 x에 대하여 성립하려면 $a>0$, $D=b^2-4ac\leq0$을 만족시켜야 한다.

9 $f(x)$가 $x=2$에서 극댓값 25를 가지므로
$f'(2)=0$, $f(2)=25$
$f'(x)=3ax^2+6x+b$이므로
$f'(2)=12a+12+b=0$　　　　　$\cdots\cdots$ ㉠
$f(2)=8a+12+2b+5=25$
$4a+b=4$　　　　　$\cdots\cdots$ ㉡
㉠, ㉡을 연립하여 풀면
$a=-2$, $b=12$　　　　　答 $a=-2$, $b=12$

10 $f'(x)=-6x^2+18x-12=-6(x-1)(x-2)$
$f'(x)=0$에서 $x=1$ 또는 $x=2$
$f'(x)$의 부호를 조사하여 $f(x)$의 증가와 감소를 표로 나타내면 다음과 같다.

x	$\cdots$	1	$\cdots$	2	$\cdots$
$f'(x)$	$-$	0	$+$	0	$-$
$f(x)$	$\searrow$	$a-5$	$\nearrow$	$a-4$	$\searrow$

따라서 함수 $f(x)$는
$x=1$에서 극소이고 극솟값은 $f(1)=a-5$
$x=2$에서 극대이고 극댓값은 $f(2)=a-4$
극솟값이 0이므로 $a-5=0$에서 $a=5$
따라서 극댓값은 $a-4=5-4=1$　　　　　答 ①

기본 핵심 문제　　　　　본문 31쪽

1 ⑤	2 ⑤	3 ③	4 ②	5 ①

1
$f(x)=x^3-2x^2+3$이라 하면 $f'(x)=3x^2-4x$
곡선 위의 점 $(1,2)$에서 접선의 기울기는

$f'(1)=3-4=-1$이므로 구하는 접선의 방정식은
$y-2=-(x-1)$, 즉 $y=-x+3$

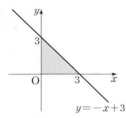

접선 $y=-x+3$과 x축, y축으로 둘러싸인 부분은 그림과 같이 밑변이 3, 높이가 3인 직각삼각형이므로 넓이는
$\dfrac{1}{2}\times3\times3=\dfrac{9}{2}$　　　　　답 ⑤

2

접점의 x좌표를 a라고 하면 접점의 좌표는 $(a,\ a^3-2a)$
$f(x)=x^3-2x$라고 하면 $f'(x)=3x^2-2$이므로
점 $(a,\ a^3-2a)$에서 접선의 기울기는
$f'(a)=3a^2-2$
즉, 접점 $(a,\ a^3-2a)$에서의 접선의 방정식은
$y-(a^3-2a)=(3a^2-2)(x-a)$
$y=(3a^2-2)x-2a^3$
이 접선이 점 $(0,\ 2)$를 지나므로
$2=-2a^3$, $a^3=-1$에서 $a=-1$
따라서 접선의 방정식은
$y=x+2$
이 접선이 점 $(k,\ 0)$을 지나므로
$0=k+2$, $k=-2$　　　　　답 ⑤

3

함수 $f(x)=-x^3+4x$는 닫힌구간 $[-3,\ 3]$에서 연속이고 열린구간 $(-3,\ 3)$에서 미분가능하므로 평균값 정리에 의해
$\dfrac{f(3)-f(-3)}{3-(-3)}=f'(c)$인 c가 열린구간 $(-3,\ 3)$에 적어도 하나 존재한다.
그런데 $f(-3)=15$, $f(3)=-15$, $f'(c)=-3c^2+4$이므로
$\dfrac{-15-15}{3-(-3)}=-3c^2+4$에서 $-5=-3c^2+4$
$3c^2=9$, $c^2=3$
$-3<c<3$이므로 $c=\sqrt{3}$ 또는 $c=-\sqrt{3}$
따라서 모든 실수 c의 값의 곱은
$\sqrt{3}\times(-\sqrt{3})=-3$　　　　　답 ③

4

$f(x)=-x^3+ax^2+bx-5$에서 $f'(x)=-3x^2+2ax+b$이고 함수 $f(x)$가 증가하는 구간이 $[-1,\ 3]$이므로

이 구간에서 $f'(x)=-3x^2+2ax+b\geq0$
$3x^2-2ax-b\leq0$　　　　　…… ㉠
부등식 ㉠의 해가 $-1\leq x\leq3$이므로
$3(x+1)(x-3)\leq0$
즉, $3x^2-6x-9\leq0$　　　　　…… ㉡
㉠, ㉡은 일치하므로 $-2a=-6$, $-b=-9$
$a=3$, $b=9$이므로
$a+b=12$　　　　　답 ②

5

$\begin{aligned}f'(x)&=12x^2+12x-24\\&=12(x^2+x-2)\\&=12(x+2)(x-1)\end{aligned}$
$f'(x)=0$에서 $x=-2$ 또는 $x=1$
$f'(x)$의 부호를 조사하여 $f(x)$의 증가와 감소를 표로 나타내면 다음과 같다.

x	$\cdots$	-2	$\cdots$	1	$\cdots$
$f'(x)$	$+$	0	$-$	0	$+$
$f(x)$	$\nearrow$	$a+40$	$\searrow$	$a-14$	$\nearrow$

따라서 함수 $f(x)$는
$x=1$에서 극소이고 극솟값은 $f(1)=a-14$
$x=-2$에서 극대이고 극댓값은 $f(-2)=a+40$
$M+m=(a+40)+(a-14)=2a+26=20$에서
$a=-3$　　　　　답 ①

03 도함수의 활용 (2)

 유제

본문 32~36쪽

1 $\begin{aligned}f'(x)&=-3x^2+6=-3(x^2-2)\\&=-3(x+\sqrt{2})(x-\sqrt{2})\end{aligned}$
$f'(x)=0$에서 $x=-\sqrt{2}$ 또는 $x=\sqrt{2}$
$f'(x)$의 부호를 조사하여 $f(x)$의 증가와 감소를 표로 나타내면 다음과 같다.

x	$\cdots$	$-\sqrt{2}$	$\cdots$	$\sqrt{2}$	$\cdots$
$f'(x)$	$-$	0	$+$	0	$-$
$f(x)$	$\searrow$	$-4\sqrt{2}$	$\nearrow$	$4\sqrt{2}$	$\searrow$

따라서 함수 $f(x)$는 $x=\sqrt{2}$에서 극대이고 극댓값은
$f(\sqrt{2})=4\sqrt{2}$, $x=-\sqrt{2}$에서 극소이고 극솟값은
$f(-\sqrt{2})=-4\sqrt{2}$이다.
$f(0)=0$이므로 원점 $(0,\ 0)$을 지난다.
함수 $f(x)$의 그래프의 개형은 그림과 같다.

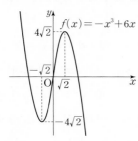

📋 풀이 참조

2 함수 $f(x)$는 최고차항의 계수가 1인 삼차함수이므로
$f(x)=x^3+ax^2+bx+c$ $(a,\ b,\ c$는 상수$)$라고 하면
$f'(x)=3x^2+2ax+b$
$f'(x)=0$의 두 근이 $-2,\ 2$이므로 근과 계수의 관계에 의하여
$-2+2=-\dfrac{2a}{3}$, $(-2)\times 2=\dfrac{b}{3}$
$a=0$, $b=-12$
$f(x)=x^3-12x+c$에서 $f'(x)=3x^2-12=3(x+2)(x-2)$
이므로 $f'(x)$의 부호를 조사하여 $f(x)$의 증가와 감소를 표로 나타내면 다음과 같다.

x	$\cdots$	-2	$\cdots$	2	$\cdots$
$f'(x)$	$+$	0	$-$	0	$+$
$f(x)$	↗	$c+16$	↘	$c-16$	↗

$f(x)$의 극솟값이 0이므로
$f(2)=8-24+c=c-16=0$, $c=16$
따라서 $f(x)$의 극댓값은
$f(-2)=-8+24+c=c+16=32$ 📋 ⑤

[참고] 근과 계수의 관계
이차방정식 $ax^2+bx+c=0$ $(a\neq 0)$의 두 근을 α, β라 할 때
(1) 두 근의 합: $\alpha+\beta=-\dfrac{b}{a}$

(2) 두 근의 곱: $\alpha\beta=\dfrac{c}{a}$

3 $f'(x)=4x^3-16x=4x(x^2-4)=4x(x+2)(x-2)$
$f'(x)=0$에서 $x=-2$ 또는 $x=0$ 또는 $x=2$
닫힌구간 $[-1,\ 2]$에서 $f'(x)$의 부호를 조사하여 $f(x)$의 증가와 감소를 표로 나타내면 다음과 같다.

x	-1	$\cdots$	0	$\cdots$	2
$f'(x)$		$+$	0	$-$	
$f(x)$	-5	↗	2	↘	-14

구간의 양 끝점에서 함숫값은
$f(-1)=(-1)^4-8\times(-1)^2+2=-5$
$f(2)=2^4-8\times 2^2+2=-14$
이고, 극댓값은 $f(0)=2$이다.
따라서 함수 $f(x)$는 $x=0$일 때 최댓값 2, $x=2$일 때 최솟값 -14를 갖는다.
$M+m=2+(-14)=-12$ 📋 ①

4 $f'(x)=-3x^2+6x+9$
$=-3(x^2-2x-3)$
$=-3(x+1)(x-3)$
$f'(x)=0$에서 $x=-1$ 또는 $x=3$
닫힌구간 $[-2,\ 3]$에서 $f'(x)$의 부호를 조사하여 $f(x)$의 증가와 감소를 표로 나타내면 다음과 같다.

x	-2	$\cdots$	-1	$\cdots$	3
$f'(x)$		$-$	0	$+$	
$f(x)$	$a+2$	↘	$a-5$	↗	$a+27$

구간의 양 끝점에서 함숫값은
$f(-2)=8+12-18+a=a+2$
$f(3)=-27+27+27+a=a+27$
이고, 극솟값은 $f(-1)=1+3-9+a=a-5$이다.
따라서 함수 $f(x)$는 $x=3$일 때 최댓값 $a+27$, $x=-1$일 때 최솟값 $a-5$를 갖는다.
$a+27=17$에서 $a=-10$이므로
최솟값은 $a-5=-10-5=-15$ 📋 ④

5 방정식 $-4x^3+12x^2-3=k$의 서로 다른 실근의 개수는 함수 $y=-4x^3+12x^2-3$의 그래프와 직선 $y=k$의 교점의 개수와 같다.
$f(x)=-4x^3+12x^2-3$이라고 하면
$f'(x)=-12x^2+24x=-12x(x-2)$
$f'(x)=0$에서 $x=0$ 또는 $x=2$
$f'(x)$의 부호를 조사하여 $f(x)$의 증가와 감소를 표로 나타내고, 그 그래프의 개형을 그리면 다음과 같다.

x	$\cdots$	0	$\cdots$	2	$\cdots$
$f'(x)$	$-$	0	$+$	0	$-$
$f(x)$	↘	-3	↗	13	↘

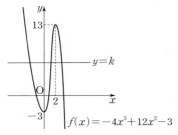

$f(x)=-4x^3+12x^2-3$

함수 $y=f(x)$의 그래프와 직선 $y=k$가 서로 다른 세 점에서 만나도록 하는 실수 k의 값의 범위는 $-3<k<13$이다.
따라서 모든 정수 k의 개수는 15이다. 답 ②

[다른 풀이]
$-4x^3+12x^2-3=k$를 정리하면
$4x^3-12x^2+3+k=0$
$f(x)=4x^3-12x^2+3+k$라 하면
$f'(x)=12x^2-24x=12x(x-2)$
$f'(x)=0$에서 $x=0$ 또는 $x=2$
$f'(x)$의 부호를 조사하여 $f(x)$의 증가와 감소를 표로 나타내면 다음과 같다.

x	$\cdots$	0	$\cdots$	2	$\cdots$
$f'(x)$	$+$	0	$-$	0	$+$
$f(x)$	↗	$k+3$	↘	$k-13$	↗

$x=0$일 때 극대이고 극댓값은 $f(0)=k+3$
$x=2$일 때 극소이고 극솟값은 $f(2)=k-13$
위의 삼차방정식이 서로 다른 세 실근을 갖기 위해서는
(극댓값)×(극솟값)<0이어야 하므로
$f(0)f(2)=(k+3)(k-13)<0$에서 $-3<k<13$
따라서 모든 정수 k의 개수는 15이다.

6 $x^3-3x^2+x=x^2-3x+a$를 정리하면
$x^3-4x^2+4x=a$
방정식 $x^3-4x^2+4x=a$의 서로 다른 실근의 개수는 함수
$y=x^3-4x^2+4x$의 그래프와 직선 $y=a$의 교점의 개수와 같다.
$f(x)=x^3-4x^2+4x$라고 하면
$f'(x)=3x^2-8x+4=(3x-2)(x-2)$
$f'(x)=0$에서 $x=\dfrac{2}{3}$ 또는 $x=2$
$f'(x)$의 부호를 조사하여 $f(x)$의 증가와 감소를 표로 나타내고, 그 그래프의 개형을 그리면 다음과 같다.

x	$\cdots$	$\dfrac{2}{3}$	$\cdots$	2	$\cdots$
$f'(x)$	$+$	0	$-$	0	$+$
$f(x)$	↗	$\dfrac{32}{27}$	↘	0	↗

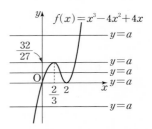

$f(x)=x^3-4x^2+4x$

(1) 함수 $y=f(x)$의 그래프와 직선 $y=a$가 서로 다른 세 점에서 만나도록 하는 실수 a의 값의 범위는 $0<a<\dfrac{32}{27}$

(2) 함수 $y=f(x)$의 그래프와 직선 $y=a$가 서로 다른 두 점에서 만나도록 하는 실수 a의 값은 $a=0$ 또는 $a=\dfrac{32}{27}$

(3) 함수 $y=f(x)$의 그래프와 직선 $y=a$가 한 점에서 만나도록 하는 실수 a의 값의 범위는 $a>\dfrac{32}{27}$ 또는 $a<0$

답 (1) $0<a<\dfrac{32}{27}$ (2) $a=0$ 또는 $a=\dfrac{32}{27}$ (3) $a>\dfrac{32}{27}$ 또는 $a<0$

[다른 풀이]
$x^3-4x^2+4x=a$에서
$f(x)=x^3-4x^2+4x-a$라고 하면
$f'(x)=3x^2-8x+4=(3x-2)(x-2)$
$f'(x)=0$에서 $x=\dfrac{2}{3}$ 또는 $x=2$

$x=\dfrac{2}{3}$일 때 극대이고 극댓값 $f\left(\dfrac{2}{3}\right)=\dfrac{32}{27}-a$
$x=2$일 때 극소이고 극솟값은 $f(2)=-a$

(1) 위의 삼차방정식이 서로 다른 세 실근을 갖기 위해서는
(극댓값)×(극솟값)<0이어야 하므로
$$f\left(\dfrac{2}{3}\right)f(2)=\left(\dfrac{32}{27}-a\right)(-a)=a\left(a-\dfrac{32}{27}\right)<0$$에서
$$0<a<\dfrac{32}{27}$$

(2) 위의 삼차방정식이 중근과 다른 한 실근을 갖기 위해서는
(극댓값)×(극솟값)=0이어야 하므로
$$f\left(\dfrac{2}{3}\right)f(2)=\left(\dfrac{32}{27}-a\right)(-a)=a\left(a-\dfrac{32}{27}\right)=0$$에서
$$a=0 \text{ 또는 } a=\dfrac{32}{27}$$

(3) 위의 삼차방정식이 한 실근과 두 허근을 갖기 위해서는
(극댓값)×(극솟값)>0이어야 하므로
$$f\left(\dfrac{2}{3}\right)f(2)=\left(\dfrac{32}{27}-a\right)(-a)=a\left(a-\dfrac{32}{27}\right)>0$$에서
$$a>\dfrac{32}{27} \text{ 또는 } a<0$$

7 $f(x)=4x^3-3x^2-6x+a$라고 하면

$$f'(x)=12x^2-6x-6$$
$$=6(2x^2-x-1)$$
$$=6(2x+1)(x-1)$$

$f'(x)=0$에서 $x=-\dfrac{1}{2}$ 또는 $x=1$

$x\geq0$일 때 $f'(x)$의 부호를 조사하여 $f(x)$의 증가와 감소를 표로 나타내면 다음과 같다.

x	0	$\cdots$	1	$\cdots$
$f'(x)$		$-$	0	$+$
$f(x)$	a	$\searrow$	$a-5$	$\nearrow$

$x\geq0$일 때 함수 $f(x)$는 $x=1$에서 극소이면서 최소이므로
최솟값은 $f(1)=a-5$
$x\geq0$인 모든 x에 대하여 $f(x)\geq0$이 성립하려면
($f(x)$의 최솟값)≥0이어야 하므로
$a-5\geq0$, $a\geq5$
따라서 실수 a의 최솟값은 5이다.　　　　　　　　📖 ④

8 $x^4>4x^2+a$에서 $x^4-4x^2-a>0$

$f(x)=x^4-4x^2-a$라고 하면
$f'(x)=4x^3-8x=4x(x^2-2)=4x(x+\sqrt{2})(x-\sqrt{2})$
$f'(x)=0$에서 $x=-\sqrt{2}$ 또는 $x=0$ 또는 $x=\sqrt{2}$
$f'(x)$의 부호를 조사하여 $f(x)$의 증가와 감소를 표로 나타내면 다음과 같다.

x	$\cdots$	$-\sqrt{2}$	$\cdots$	0	$\cdots$	$\sqrt{2}$	$\cdots$
$f'(x)$	$-$	0	$+$	0	$-$	0	$+$
$f(x)$	$\searrow$	$-a-4$	$\nearrow$	$-a$	$\searrow$	$-a-4$	$\nearrow$

함수 $f(x)$는 $x=-\sqrt{2}$, $x=\sqrt{2}$에서 극소이면서 최소이므로
최솟값은 $f(-\sqrt{2})=f(\sqrt{2})=-a-4$
모든 실수 x에 대하여 $f(x)>0$이 성립하려면
($f(x)$의 최솟값)>0이어야 하므로
$-a-4>0$, $a<-4$
따라서 정수 a의 최댓값은 -5이다.　　　　　　　　📖 ③

9 (1) 점 P의 시각 t에서의 속도를 v, 가속도를 a라고 하면

$$v=\dfrac{dx}{dt}=3t^2-6t+5,\ a=\dfrac{dv}{dt}=6t-6$$

가속도가 6인 순간은 $6t-6=6$, $t=2$일 때이므로
가속도가 6인 순간의 점 P의 위치는
$2^3-3\times2^2+5\times2=6$
(2) 점 P의 속도 $v=3t^2-6t+5=3(t-1)^2+2$이므로
$t=1$일 때 최솟값은 2이다.　　　　📖 (1) 6　(2) 2

기본 핵심 문제　　　　　　　본문 37쪽

| 1 ② | 2 ① | 3 ④ | 4 ② | 5 ⑤ |

1
ㄱ. $f'(0)=0$이지만 $x=0$의 좌우에서 $f'(x)$의 부호가 바뀌지 않으므로 함수 $f(x)$는 $x=0$에서 극값을 갖지 않는다. (거짓)
ㄴ. 닫힌구간 $[-2,\ 3]$에서 $f'(x)\leq0$이므로 함수 $f(x)$는 닫힌구간 $[-2,\ 3]$에서 감소한다. (참)
ㄷ. $f'(-2)=0$이고 $x=-2$의 좌우에서 $f'(x)$의 부호가 양에서 음으로 바뀌므로 함수 $f(x)$는 $x=-2$에서 극댓값을 갖는다. (참)
ㄹ. 함수 $f(x)$는 닫힌구간 $[-2,\ 3]$에서 감소하므로 $x=2$에서 최솟값을 갖지 않는다. (거짓)
따라서 옳은 것은 ㄴ, ㄷ이다.　　　　　　　📖 ②

2

$$f'(x)=4x^3-12x^2+4x+20$$
$$=4(x^3-3x^2+x+5)$$
$$=4(x+1)(x^2-4x+5)$$

$f'(x)=0$에서 $x=-1$
닫힌구간 $[-2,\ 3]$에서 $f'(x)$의 부호를 조사하여 $f(x)$의 증가와 감소를 표로 나타내면 다음과 같다.

x	-2	$\cdots$	-1	$\cdots$	3
$f'(x)$		$-$	0	$+$	
$f(x)$	13	$\searrow$	-16	$\nearrow$	48

구간의 양 끝점에서 함숫값은
$f(-2)=16+32+8-40-3=13$
$f(3)=81-108+18+60-3=48$
이고, 극솟값은 $f(-1)=1+4+2-20-3=-16$
따라서 함수 $f(x)$는 $x=3$일 때 최댓값 48, $x=-1$일 때 최솟값 -16을 갖는다.
$M-m=48-(-16)=64$　　　　　　　📖 ①

3
두 곡선이 오직 한 점에서 만나므로
$y=x^3+9x+4$, $y=-6x^2+a$에서 방정식
$x^3+9x+4=-6x^2+a$는 단 하나의 실근을 가져야 한다.
$x^3+9x+4=-6x^2+a$를 정리하면
$x^3+6x^2+9x+4-a=0$　　　　　　　……㉠
$f(x)=x^3+6x^2+9x+4-a$라고 하면

$f'(x)=3x^2+12x+9$
$\quad\ =3(x^2+4x+3)$
$\quad\ =3(x+3)(x+1)$
$f'(x)=0$에서 $x=-3$ 또는 $x=-1$
$f'(x)$의 부호를 조사하여 $f(x)$의 증가와 감소를 표로 나타내면 다음과 같다.

x	$\cdots$	-3	$\cdots$	-1	$\cdots$
$f'(x)$	$+$	0	$-$	0	$+$
$f(x)$	↗	$4-a$	↘	$-a$	↗

삼차방정식 ㉠이 단 하나의 실근을 갖기 위해서는
(극댓값)×(극솟값)>0이어야 하므로
$(4-a)(-a)>0$, $a(a-4)>0$
$a>4$ 또는 $a<0$
따라서 자연수 a의 최솟값은 5이다. 　　　　답 ④

4

부등식 $f(x)\geq g(x)$에서 $x^3+a\geq -x^2+5x$
$x^3+x^2-5x+a\geq 0$
$h(x)=x^3+x^2-5x+a$라고 하면
$h'(x)=3x^2+2x-5=(3x+5)(x-1)$
$h'(x)=0$에서 $x=-\dfrac{5}{3}$ 또는 $x=1$
$x\geq 0$에서 $h'(x)$의 부호를 조사하여 $h(x)$의 증가와 감소를 표로 나타내면 다음과 같다

x	0	$\cdots$	1	$\cdots$
$h'(x)$		$-$	0	$+$
$h(x)$	a	↘	$a-3$	↗

$x\geq 0$일 때 함수 $h(x)$는 $x=1$에서 극소이면서 최소이므로
최솟값은 $h(1)=a-3$
$x\geq 0$인 모든 x에 대하여 $h(x)\geq 0$이 성립하려면
($h(x)$의 최솟값)≥ 0이어야 하므로
$a-3\geq 0$, $a\geq 3$
따라서 실수 a의 최솟값은 3이다. 　　　　답 ②

5

점 P의 시각 t에서의 속도를 v, 가속도를 a라고 하면
$v=\dfrac{dx}{dt}=6t^2-24$, $a=\dfrac{dv}{dt}=12t$
점 P가 운동 방향을 바꾸는 순간의 속도는 0이므로
$v=6t^2-24=6(t^2-4)=6(t+2)(t-2)=0$
그런데 $t\geq 0$이므로 $t=2$
$t=2$의 좌우에서 v의 부호가 바뀌므로 운동 방향을 바꾸는

순간의 점 P의 가속도는
$t=2$일 때 $12\times 2=24$ 　　　　답 ⑤

1 ②	**2** ②	**3** ④	**4** ①
5 $y=4x+2$		**6** ⑤	**7** ⑤
8 ③	**9** ①	**10** (1) 20 m　(2) -20 m/s	
11 $\dfrac{1}{4}$	**12** 14		

1

x의 값이 0에서 2까지 변할 때의 평균변화율은
$$\dfrac{f(2)-f(0)}{2-0}=\dfrac{-1-(-1)}{2}=0 \quad\cdots\cdots ㉠$$
또한 $f'(x)=-2x+2$이므로
$x=a$에서의 미분계수 $f'(a)=-2a+2 \quad\cdots\cdots ㉡$
㉠, ㉡에서 $-2a+2=0$, $a=1$ 　　　　답 ②

2

$f(x)=x^2+ax$이므로 $f'(x)=2x+a$
$\displaystyle\lim_{h\to 0}\dfrac{f(-1+2h)-f(-1)}{h}$
$=\displaystyle\lim_{h\to 0}\dfrac{f(-1+2h)-f(-1)}{2h}\times 2$
$=f'(-1)\times 2=6$
이므로 $f'(-1)=3$
$f'(-1)=-2+a=3$에서 $a=5$ 　　　　답 ②
[다른 풀이]
$\displaystyle\lim_{h\to 0}\dfrac{f(-1+2h)-f(-1)}{h}$
$=\displaystyle\lim_{h\to 0}\dfrac{\{(-1+2h)^2+a(-1+2h)\}-\{(-1)^2+a(-1)\}}{h}$
$=\displaystyle\lim_{h\to 0}\dfrac{4h^2-4h+2ah}{h}$
$=\displaystyle\lim_{h\to 0}\dfrac{h(4h-4+2a)}{h}$
$=\displaystyle\lim_{h\to 0}(4h-4+2a)$
$=-4+2a=6$
에서 $a=5$

3

함수 $f(x)$가 $x=1$에서 미분가능하므로 $f(x)$는 $x=1$에서

연속이다. 즉, $\lim_{x \to 1+} f(x) = \lim_{x \to 1-} f(x) = f(1)$에서

$a+1 = b = f(1)$ ...... ㉠

또한 $f'(1)$이 존재하므로

$\lim_{h \to 0+} \dfrac{f(1+h)-f(1)}{h} = \lim_{h \to 0-} \dfrac{f(1+h)-f(1)}{h}$이 성립한다.

$\lim_{h \to 0+} \dfrac{f(1+h)-f(1)}{h}$

$= \lim_{h \to 0+} \dfrac{\{a(1+h)^2+1\}-(a+1)}{h}$ (㉠에서 $f(1)=a+1$)

$= \lim_{h \to 0+} \dfrac{2ah+ah^2}{h}$

$= \lim_{h \to 0+} (2a+ah) = 2a$ ...... ㉡

$\lim_{h \to 0-} \dfrac{f(1+h)-f(1)}{h}$

$= \lim_{h \to 0-} \dfrac{b(1+h)-b}{h}$ (㉠에서 $f(1)=b$)

$= \lim_{h \to 0-} \dfrac{bh}{h}$

$= \lim_{h \to 0-} b = b$ ...... ㉢

㉡, ㉢에서 $2a=b$

㉠에 $2a=b$를 대입하면 $a=1$, $b=2$

따라서 $a+b=3$ 답 ④

4

$g(x)=(2x-1)f(x)$에 $x=2$를 대입하면

$g(2)=3f(2)$, $g(2)=6$이므로 $f(2)=2$

곱의 미분법에 의해

$g'(x)=2f(x)+(2x-1)f'(x)$이므로

$g'(2)=2f(2)+3f'(2)$

$10=2\times2+3\times f'(2)$에서 $f'(2)=2$ 답 ①

5

구하는 접선이 직선 $y=4x+4$에 평행하므로 접선의 기울기는 4이다.

$f(x)=-x^2+2x+1$이라고 하면

$f'(x)=-2x+2$

접점의 좌표를 $(a, f(a))$라고 하면 접선의 기울기가 4이므로 $f'(a)=-2a+2=4$, $a=-1$

이때 $f(-1)=-2$이므로 구하는 접선은 점 $(-1, -2)$를 지나고 기울기가 4인 직선이다.

따라서 구하는 접선의 방정식은

$y+2=4(x+1)$, 즉 $y=4x+2$ 답 $y=4x+2$

[참고]

두 직선이 서로 평행하면 두 직선의 기울기는 같고 y절편은 다르다.

6

함수 $f(x)$의 역함수가 존재하려면 $f(x)$가 일대일대응이어야 하므로 실수 전체의 집합에서 $f(x)$는 항상 증가하거나 항상 감소하여야 한다. 그런데 $f(x)$의 최고차항의 계수가 음수이므로 $f(x)$는 항상 감소하여야 한다.

함수 $f(x)$가 모든 실수 x에서 감소하려면

모든 실수 x에서 $f'(x)\leq0$이어야 한다.

$f(x)=-x^3+ax^2-3x+2$에서

$f'(x)=-3x^2+2ax-3\leq0$

위의 부등식의 양변에 -1을 곱하여 정리하면

$3x^2-2ax+3\geq0$ ...... ㉠

모든 실수 x에 대하여 ㉠의 이차부등식이 성립하려면

이차방정식 $3x^2-2ax+3=0$의 판별식 $D\leq0$이어야 한다. 즉,

$\dfrac{D}{4}=(-a)^2-3\times3\leq0$

$a^2-9\leq0$, $(a+3)(a-3)\leq0$

$-3\leq a\leq3$

따라서 실수 a의 최댓값은 3이다.   답 ⑤

[참고]

x에 대한 이차부등식 $ax^2+bx+c\geq0$이 모든 실수 x에 대하여 성립하려면 $a>0$, $D=b^2-4ac\leq0$을 만족시켜야 한다.

7

$f'(x)=-3ax^2+6ax=-3ax(x-2)$

$f'(x)=0$에서 $x=0$ 또는 $x=2$

닫힌구간 $[-2, 2]$에서 $f'(x)$의 부호를 조사하여 $f(x)$의 증가와 감소를 표로 나타내면 다음과 같다.

x	-2	$\cdots$	0	$\cdots$	2
$f'(x)$		$-$	0	$+$	
$f(x)$	$20a+b$	$\searrow$	b	$\nearrow$	$4a+b$

구간의 양 끝점에서 함숫값은

$f(-2)=8a+12a+b=20a+b$

$f(2)=-8a+12a+b=4a+b$

이고, 극솟값은 $f(0)=b$이다.

$a>0$이므로 함수 $f(x)$는 $x=-2$일 때 최댓값 $20a+b$,

$x=0$일 때 최솟값 b를 갖는다.

$20a+b=24$이고 $b=4$이므로 $a=1$

따라서 $ab=4$ 답 ⑤

8

$x^3-3x+3=9x+a$를 정리하면

$x^3-12x+3=a$

방정식 $x^3-12x+3=a$의 실근은 함수 $y=x^3-12x+3$의

그래프와 직선 $y=a$의 교점의 x좌표와 같다.

$f(x)=x^3-12x+3$이라 하면

$f'(x)=3x^2-12=3(x+2)(x-2)$

$f'(x)=0$에서 $x=-2$ 또는 $x=2$

$f'(x)$의 부호를 조사하여 $f(x)$의 증가와 감소를 표로 나타
내고, 그 그래프의 개형을 그리면 다음과 같다.

x	$\cdots$	-2	$\cdots$	2	$\cdots$
$f'(x)$	$+$	0	$-$	0	$+$
$f(x)$	$\nearrow$	19	$\searrow$	-13	$\nearrow$

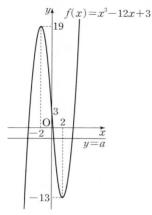

함수 $y=f(x)$의 그래프와 직선 $y=a$의 교점의 x좌표가 한
개는 음수이고, 다른 두 개는 양수가 되는 a의 값의 범위는
$-13<a<3$이다.

따라서 모든 정수 a의 개수는 15이다.　　　　답 ③

9

부등식 $f(x)\le g(x)$에서

$6x^3+x+k\le 3x^4-2x^3+x+8$

$3x^4-8x^3+8-k\ge 0$

$h(x)=3x^4-8x^3+8-k$라고 하면

$h'(x)=12x^3-24x^2=12x^2(x-2)$

$h'(x)=0$에서 $x=0$ 또는 $x=2$

$h'(x)$의 부호를 조사하여 $h(x)$의 증가와 감소를 표로 나타
내면 다음과 같다.

x	$\cdots$	0	$\cdots$	2	$\cdots$
$h'(x)$	$-$	0	$-$	0	$+$
$h(x)$	$\searrow$	$8-k$	$\searrow$	$-8-k$	$\nearrow$

함수 $h(x)$는 $x=2$에서 극소이면서 최소이므로

최솟값은 $h(2)=3\times 2^4-8\times 2^3+8-k=-8-k$

모든 실수 x에 대하여 $h(x)\ge 0$이 성립하려면

$(h(x)$의 최솟값$)\ge 0$이어야 하므로

$-8-k\ge 0$, $k\le -8$

따라서 실수 k의 최댓값은 -8이다.　　　　답 ①

[다른 풀이]

부등식 $f(x)\le g(x)$에서

$6x^3+x+k\le 3x^4-2x^3+x+8$

$-3x^4+8x^3-8+k\le 0$에서

$h(x)=-3x^4+8x^3-8+k$라고 하면

$h'(x)=-12x^3+24x^2=-12x^2(x-2)$

$h'(x)=0$에서 $x=0$ 또는 $x=2$

$h'(x)$의 부호를 조사하여 $h(x)$의 증가와 감소를 표로 나타
내면 다음과 같다.

x	$\cdots$	0	$\cdots$	2	$\cdots$
$h'(x)$	$+$	0	$+$	0	$-$
$h(x)$	$\nearrow$	$k-8$	$\nearrow$	$k+8$	$\searrow$

함수 $h(x)$는 $x=2$에서 극대이면서 최대이므로

최댓값은 $h(2)=-3\times 2^4+8\times 2^3-8+k=k+8$

모든 실수 x에 대하여 $h(x)\le 0$이 성립하려면

$(h(x)$의 최댓값$)\le 0$이어야 하므로

$k+8\le 0$, $k\le -8$

따라서 실수 k의 최댓값은 -8이다.

10

(1) t초 후의 물로켓의 속도를 v m/s라 하면

　$v=\dfrac{dx}{dt}=20-10t$

　물로켓이 도달한 최고 높이는 점 P가 운동 방향을 바꿀
　때이다.

　점 P가 운동 방향을 바꾸는 순간의 속도는 0이므로

　$v=20-10t=0$에서 $t=2$

　따라서 $t=2$일 때 높이는

　$20\times 2-5\times 2^2=20(\text{m})$

(2) 물로켓이 지면에 떨어지는 순간의 높이는 $0(\text{m})$이므로

　$x=20t-5t^2=0$에서 $-5t(t-4)=0$

　그런데 $t>0$이므로 $t=4$

　따라서 $t=4$일 때 속도

　$v=20-10\times 4=-20(\text{m/s})$

　　　　답 (1) 20 m　(2) -20 m/s

[다른 풀이]

(1) $x=20t-5t^2=-5(t^2-4t)=-5(t-2)^2+20$이므로

　$t=2$일 때 높이 x의 최댓값은 $20(\text{m})$이다.

서술형 문항

11

$f(x)=4x^3-5x^2$이라 하면 $f'(x)=12x^2-10x$

곡선 위의 점 $(1, -1)$에서 접선의 기울기는
$f'(1)=12-10=2$

❶

접선과 수직인 직선의 기울기를 m이라 하면
$2 \times m=-1$, $m=-\dfrac{1}{2}$

❷

구하는 직선은 기울기가 $-\dfrac{1}{2}$이고 점 $(1, -1)$을 지나므로

직선의 방정식은 $y+1=-\dfrac{1}{2}(x-1)$

즉, $y=-\dfrac{1}{2}x-\dfrac{1}{2}$

❸

$a=-\dfrac{1}{2}$, $b=-\dfrac{1}{2}$이므로

$ab=\left(-\dfrac{1}{2}\right)\times\left(-\dfrac{1}{2}\right)=\dfrac{1}{4}$

❹

답 $\dfrac{1}{4}$

단계	채점기준	비율
❶	점 $(1, -1)$에서의 접선의 기울기를 구한 경우	30%
❷	점 $(1, -1)$에서의 접선과 수직인 직선의 기울기를 구한 경우	30%
❸	점 $(1, -1)$에서의 접선과 수직인 직선의 방정식을 구한 경우	30%
❹	ab의 값을 구한 경우	10%

[참고]
두 직선이 서로 수직이면 두 직선의 기울기의 곱은 -1이다.

12
$f'(x)=4x^3-2ax$이고 $x=\sqrt{3}$에서 극솟값을 가지므로
$f'(\sqrt{3})=4\times(\sqrt{3})^3-2a\times\sqrt{3}=12\sqrt{3}-2a\sqrt{3}=0$
에서 $a=6$

❶

$f'(x)=4x^3-12x$
$\qquad=4x(x^2-3)$
$\qquad=4x(x+\sqrt{3})(x-\sqrt{3})$
$f'(x)=0$에서 $x=-\sqrt{3}$ 또는 $x=0$ 또는 $x=\sqrt{3}$
$f'(x)$의 부호를 조사하여 $f(x)$의 증가와 감소를 표로 나타내면 다음과 같다.

x	$\cdots$	$-\sqrt{3}$	$\cdots$	0	$\cdots$	$\sqrt{3}$	$\cdots$
$f'(x)$	$-$	0	$+$	0	$-$	0	$+$
$f(x)$	$\searrow$	-1	$\nearrow$	8	$\searrow$	-1	$\nearrow$

따라서 함수 $f(x)$는 $x=0$에서 극댓값 $f(0)=8$을 갖는다.
$b=0$, $c=8$

❷

$a=6$, $b=0$, $c=8$이므로
$a+b+c=6+0+8=14$

❸

답 14

단계	채점기준	비율
❶	a의 값을 구한 경우	30%
❷	b, c의 값을 구한 경우	60%
❸	$a+b+c$의 값을 구한 경우	10%

 수능 맛보기

본문 41쪽

1
함수 $f(x)=-x^3+9x^2-3k^2x+5$가 극댓값과 극솟값을 모두 가지려면 방정식 $f'(x)=0$이 서로 다른 두 실근을 가져야 한다.
$f'(x)=-3x^2+18x-3k^2=0$
즉, $x^2-6x+k^2=0$
위의 이차방정식이 서로 다른 두 실근을 가져야 하므로 판별식을 D라 하면
$\dfrac{D}{4}=(-3)^2-k^2=9-k^2>0$
$k^2-9<0$에서 $(k+3)(k-3)<0$
$-3<k<3$이므로 정수 k는 -2, -1, 0, 1, 2이고 그 개수는 5이다.

답 ②

2
함수 $f(x)=\dfrac{2}{3}x^3+(1-k)x^2+2x-1$이 극값을 갖지 않으려면 방정식 $f'(x)=0$이 중근 또는 허근을 가져야 한다.
$f'(x)=2x^2+2(1-k)x+2=0$
즉, $x^2+(1-k)x+1=0$
위의 이차방정식이 중근 또는 허근을 가져야 하므로
판별식을 D라 하면
$D=(1-k)^2-4\le0$
$k^2-2k-3\le0$, $(k+1)(k-3)\le0$, $-1\le k\le3$
이므로 모든 정수 k의 값은 -1, 0, 1, 2, 3이고 그 합은 5이다.

답 ④

Ⅲ. 적분

01 부정적분과 정적분

유제

본문 42~46쪽

1 $\dfrac{d}{dx}\displaystyle\int (2x^2+4x-1)dx=ax^2+bx+c$에서 부정적분과 미분의 관계에 의하여

$\dfrac{d}{dx}\displaystyle\int (2x^2+4x-1)dx=2x^2+4x-1$

이므로 $2x^2+4x-1=ax^2+bx+c$의 양변의 계수를 비교하면

$a=2$, $b=4$, $c=-1$

따라서 $a+b+c=2+4+(-1)=5$ 답 ③

2 $f(x)=\displaystyle\int \left\{\dfrac{d}{dx}(x^2-2x+1)\right\}dx$에서 부정적분과 미분의 관계에 의하여

$\displaystyle\int \left\{\dfrac{d}{dx}(x^2-2x+1)\right\}dx=x^2-2x+C$ (C는 적분상수)

이므로 $f(x)=x^2-2x+C$

$f(-1)=(-1)^2-2\times(-1)+C=C+3$

$C+3=3$에서 $C=0$

따라서 $f(x)=x^2-2x$이므로

$f(1)=1-2=-1$ 답 ①

3 $f'(x)=8x^3+3x^2-2x+1$에서

$f(x)=\displaystyle\int (8x^3+3x^2-2x+1)dx$

$\quad=8\times\dfrac{1}{4}x^4+3\times\dfrac{1}{3}x^3-2\times\dfrac{1}{2}x^2+x+C$

$\quad=2x^4+x^3-x^2+x+C$ (C는 적분상수)

$f(2)=32+8-4+2+C=38+C$

$f(-2)=32-8-4-2+C=18+C$

따라서 $f(2)-f(-2)=38+C-(18+C)=20$ 답 ②

4 $\dfrac{d}{dx}\{f(x)+x\}=3x^2+4x+1$에서

$\displaystyle\int \left[\dfrac{d}{dx}\{f(x)+x\}\right]dx=\displaystyle\int (3x^2+4x+1)dx$

$f(x)+x=x^3+2x^2+x+C$ (C는 적분상수)

즉, $f(x)=x^3+2x^2+C$에서 $f(0)=C$이므로 $C=1$

따라서 $f(x)=x^3+2x^2+1$이므로

$f(-1)=-1+2+1=2$ 답 ④

5 $\displaystyle\int_{2}^{3}(3x^2+ax)dx=\left[x^3+\dfrac{a}{2}x^2\right]_{2}^{3}$

$\qquad\qquad\qquad\quad=\left(27+\dfrac{9a}{2}\right)-(8+2a)$

$\qquad\qquad\qquad\quad=19+\dfrac{5a}{2}$

이므로 $19+\dfrac{5a}{2}=24$

따라서 $a=2$ 답 ②

6 함수 $f(x)=4x^2+3x-1$에 대하여

$\displaystyle\int_{-1}^{2}(x-1)f(x)dx$

$=\displaystyle\int_{-1}^{2}(x-1)(4x^2+3x-1)dx$

$=\displaystyle\int_{-1}^{2}(4x^3-x^2-4x+1)dx$

$=\left[x^4-\dfrac{1}{3}x^3-2x^2+x\right]_{-1}^{2}$

$=\left(16-\dfrac{8}{3}-8+2\right)-\left(1+\dfrac{1}{3}-2-1\right)$

$=9$ 답 ④

7 $\displaystyle\int_{-k}^{k}(5x^5-6x^3+3x^2+1)dx$

$=\displaystyle\int_{-k}^{k}(5x^5-6x^3)dx+\displaystyle\int_{-k}^{k}(3x^2+1)dx$

$=0+2\displaystyle\int_{0}^{k}(3x^2+1)dx$

$=2\times\left[x^3+x\right]_{0}^{k}$

$=2(k^3+k)$

이므로 $2(k^3+k)=60$, $k^3+k-30=0$

$(k-3)(k^2+3k+10)=0$

따라서 $k=3$ 답 3

8 함수 $f(x)$가 닫힌구간 $[-2, 2]$에서 연속이고, 이 구간의 모든 x에 대하여 $f(-x)=f(x)$이므로 함수 $f(x)$의 그래프는 y축에 대하여 대칭이다. 즉,

$\displaystyle\int_{-2}^{2}f(x)dx=2\displaystyle\int_{0}^{2}f(x)dx$

$\qquad\qquad\quad=2\displaystyle\int_{0}^{2}(x^3+1)dx$

$\qquad\qquad\quad=2\times\left[\dfrac{1}{4}x^4+x\right]_{0}^{2}$

$\qquad\qquad\quad=2\times(4+2)=12$ 답 12

9 $f(x)=x^2+2x-2$라 하고 $F'(x)=f(x)$라 하면

$$\lim_{h \to 0}\frac{1}{h}\int_{1-h}^{1+2h}(x^2+2x-2)dx$$

$$=\lim_{h \to 0}\frac{1}{h}\int_{1-h}^{1+2h}f(x)dx$$

$$=\lim_{h \to 0}\frac{F(1+2h)-F(1-h)}{h}$$

$$=\lim_{h \to 0}\frac{\{F(1+2h)-F(1)\}-\{F(1-h)-F(1)\}}{h}$$

$$=\lim_{h \to 0}\frac{F(1+2h)-F(1)}{2h}\times 2+\lim_{h \to 0}\frac{F(1-h)-F(1)}{-h}$$

$$=2F'(1)+F'(1)$$

$$=3F'(1)=3f(1)$$

$$=3\times 1=3 \qquad \qquad \text{달 ②}$$

10 $\int_x^{-1}f(t)dt=2x^3+ax^2-3$의 양변에 $x=-1$을 대입하면

$$\int_{-1}^{-1}f(t)dt=-2+a-3$$

$$0=a-5,\ a=5$$

$a=5$를 주어진 식에 대입하면

$$\int_x^{-1}f(t)dt=2x^3+5x^2-3$$

이고 $-\int_{-1}^{x}f(t)dt=2x^3+5x^2-3$에서

$$\int_{-1}^{x}f(t)dt=-2x^3-5x^2+3$$

위 식의 양변을 x에 대하여 미분하면

$$\frac{d}{dx}\int_{-1}^{x}f(t)dt=\frac{d}{dx}(-2x^3-5x^2+3)$$

$$f(x)=-6x^2-10x$$

따라서 $f(a)=f(5)=-6\times 5^2-10\times 5=-200 \qquad \text{달 ⑤}$

기본 **핵심** 문제　　　　　　　본문 47쪽

1 ④	**2** ④	**3** ①	**4** ④	**5** ②

1

$f(x)=\dfrac{d}{dx}\displaystyle\int (x^3+2x^2-4x)dx$에서

$$f(x)=x^3+2x^2-4x$$

$$f'(x)=3x^2+4x-4=(3x-2)(x+2)$$

$f'(x)=0$에서 $x=-2$ 또는 $x=\dfrac{2}{3}$

함수 $f(x)$의 증가와 감소를 표로 나타내면 다음과 같다.

x	$\cdots$	-2	$\cdots$	$\dfrac{2}{3}$	$\cdots$
$f'(x)$	$+$	0	$-$	0	$+$
$f(x)$	↗	극대	↘	극소	↗

즉, 함수 $f(x)$는 $x=-2$에서 극댓값을 가지므로

$$f(-2)=(-2)^3+2\times(-2)^2-4\times(-2)$$

$$=-8+8+8=8 \qquad \text{달 ④}$$

2

$$\int_{-1}^{8}f(x)dx=\int_{-1}^{2}f(x)dx+\int_{2}^{5}f(x)dx+\int_{5}^{8}f(x)dx$$

$$=2-(-1)+3=6 \qquad \text{달 ④}$$

3

$$f(x)=\begin{cases}2 & (-4\leq x<0) \\ \dfrac{1}{2}x+2 & (0\leq x\leq 4)\end{cases}$$

이므로

$$xf(x)=\begin{cases}2x & (-4\leq x<0) \\ \dfrac{1}{2}x^2+2x & (0\leq x\leq 4)\end{cases}$$

$$\int_{-4}^{4}xf(x)dx=\int_{-4}^{0}2xdx+\int_{0}^{4}\left(\frac{1}{2}x^2+2x\right)dx$$

$$=\Big[x^2\Big]_{-4}^{0}+\left[\frac{1}{6}x^3+x^2\right]_{0}^{4}$$

$$=(0-16)+\left\{\left(\frac{32}{3}+16\right)-0\right\}$$

$$=\frac{32}{3} \qquad \text{달 ①}$$

4

$f(t)=t^2+3t+2$라 하고, 함수 $f(t)$의 부정적분 중 하나를 $F(t)$라 하면

$$\lim_{x \to 2}\frac{1}{x-2}\int_{2}^{x}(t^2+3t+2)dt$$

$$=\lim_{x \to 2}\frac{1}{x-2}\int_{2}^{x}f(t)dt$$

$$=\lim_{x \to 2}\frac{1}{x-2}\Big[F(t)\Big]_{2}^{x}$$

$$=\lim_{x \to 2}\frac{F(x)-F(2)}{x-2}$$

$$=F'(2)=f(2)$$

$$=2^2+3\times 2+2=12 \qquad \text{달 ④}$$

5

$xf(x)=x^3+4x^2+\displaystyle\int_{1}^{x}f(t)dt$의 양변에 $x=1$을 대입하면

$$f(1)=1+4+\int_{1}^{1}f(t)dt=1+4+0=5 \qquad \cdots\cdots\ \text{㉠}$$

주어진 식의 양변을 x에 대하여 미분하면

$f(x)+xf'(x)=3x^2+8x+f(x)$

$xf'(x)=3x^2+8x$에서 $f'(x)=3x+8$이므로

$f(x)=\int(3x+8)dx$

$\qquad=\dfrac{3}{2}x^2+8x+C$ (C는 적분상수)

위의 식에 $x=1$을 대입하면

$f(1)=\dfrac{3}{2}+8+C=\dfrac{19}{2}+C$ $\qquad$ ...... ⓛ

㉠과 ⓛ에서 $\dfrac{19}{2}+C=5$

$C=-\dfrac{9}{2}$

따라서 $f(x)=\dfrac{3}{2}x^2+8x-\dfrac{9}{2}$이므로

$f(-1)=\dfrac{3}{2}-8-\dfrac{9}{2}=-11$ $\qquad$ 답 ②

02 정적분의 활용

 유제

본문 48~51쪽

1 곡선 $y=(x+1)(x-a)$와 x축의 교점의 x좌표가 각각 -1, a이므로 곡선 $y=(x+1)(x-a)$와 x축으로 둘러싸인 부분의 넓이는

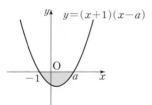

$\int_{-1}^{a}\{-(x+1)(x-a)\}dx$

$=\int_{-1}^{a}\{-x^2+(a-1)x+a\}dx$

$=\left[-\dfrac{1}{3}x^3+\dfrac{a-1}{2}x^2+ax\right]_{-1}^{a}$

$=\left(-\dfrac{a^3}{3}+\dfrac{a^3-a^2}{2}+a^2\right)-\left(\dfrac{1}{3}+\dfrac{a-1}{2}-a\right)$

$=\dfrac{a^3}{6}+\dfrac{a^2}{2}+\dfrac{a}{2}+\dfrac{1}{6}$

$\dfrac{a^3}{6}+\dfrac{a^2}{2}+\dfrac{a}{2}+\dfrac{1}{6}=\dfrac{9}{2}$에서 $a^3+3a^2+3a-26=0$

$(a-2)(a^2+5a+13)=0$

$a^2+5a+13=0$은 실근을 갖지 않으므로 $a=2$ $\qquad$ 답 ②

2 곡선 $x=y^2-4$와 y축의 교점의 y좌표는

$y^2-4=0$에서 $(y+2)(y-2)=0$이므로

$y=-2$ 또는 $y=2$

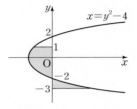

닫힌구간 $[-3, -2]$에서 $y^2-4\geq0$이고,

닫힌구간 $[-2, 1]$에서 $y^2-4\leq0$이므로

구하는 넓이는

$\int_{-3}^{1}|y^2-4|dy$

$=\int_{-3}^{-2}(y^2-4)dy+\int_{-2}^{1}(4-y^2)dy$

$=\left[\dfrac{1}{3}y^3-4y\right]_{-3}^{-2}+\left[4y-\dfrac{1}{3}y^3\right]_{-2}^{1}$

$=\left\{\left(-\dfrac{8}{3}+8\right)-(-9+12)\right\}+\left\{\left(4-\dfrac{1}{3}\right)-\left(-8+\dfrac{8}{3}\right)\right\}$

$=\dfrac{7}{3}+9=\dfrac{34}{3}$ $\qquad$ 답 ②

3 곡선 $y=x^2-2x-5$와 직선 $y=x-1$의 교점의 x좌표는

$x^2-2x-5=x-1$

$x^2-3x-4=0$, $(x+1)(x-4)=0$

$x=-1$ 또는 $x=4$

닫힌구간 $[-1, 4]$에서 $x^2-2x-5\leq x-1$이므로

구하는 넓이를 S라 하면

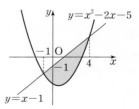

$S=\int_{-1}^{4}\{(x-1)-(x^2-2x-5)\}dx$

$\qquad=\int_{-1}^{4}(-x^2+3x+4)dx$

$\qquad=\left[-\dfrac{1}{3}x^3+\dfrac{3}{2}x^2+4x\right]_{-1}^{4}$

$$=\left(-\frac{64}{3}+24+16\right)-\left(\frac{1}{3}+\frac{3}{2}-4\right)$$
$$=\frac{56}{3}+\frac{13}{6}=\frac{125}{6}$$ 답 ⑤

4 두 곡선 $y=x^2-3x-5$, $y=-x^2+x+1$의 교점의 x좌표는
$x^2-3x-5=-x^2+x+1$, 즉 $2x^2-4x-6=0$에서
$x^2-2x-3=0$, $(x+1)(x-3)=0$이므로
$x=-1$ 또는 $x=3$

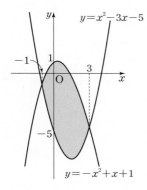

닫힌구간 $[-1, 3]$에서 $x^2-3x-5\le-x^2+x+1$이므로
구하는 넓이는
$$\int_{-1}^{3}\{(-x^2+x+1)-(x^2-3x-5)\}dx$$
$$=\int_{-1}^{3}(-2x^2+4x+6)dx$$
$$=\left[-\frac{2}{3}x^3+2x^2+6x\right]_{-1}^{3}$$
$$=(-18+18+18)-\left(\frac{2}{3}+2-6\right)$$
$$=18+\frac{10}{3}=\frac{64}{3}$$ 답 ④

5 함수 $f(x)=\sqrt{x-4}$의 역함수가 $g(x)$이므로 $y=f(x)$의
그래프와 $y=g(x)$의 그래프는 직선 $y=x$에 대하여 대칭
이다.

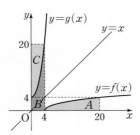

따라서 위의 그림에서 두 도형 A, C의 넓이가 서로 같으므로
$$\int_{4}^{20}f(x)dx+\int_{0}^{4}g(x)dx$$

$=$(도형 A의 넓이)$+$(도형 B의 넓이)
$=$(도형 C의 넓이)$+$(도형 B의 넓이)
$=4\times20=80$ 답 ⑤

6 두 곡선 $y=f(x)$, $y=g(x)$는 직선 $y=x$에 대하여 대칭
이고, 두 곡선 $f(x)$, $g(x)$의 교점의 x좌표는 곡선
$f(x)=\sqrt{x-1}+1$과 직선 $y=x$의 교점의 x좌표와 같다.
즉, $\sqrt{x-1}+1=x$에서 $x-1=(x-1)^2$
$x^2-3x+2=0$에서 $(x-1)(x-2)=0$이므로
$x=1$ 또는 $x=2$
또한 함수 $f(x)=\sqrt{x-1}+1$의 역함수 $g(x)$는
$x=\sqrt{y-1}+1$에서 $(x-1)^2=y-1$
$y=(x-1)^2+1$ $(x\ge1)$
따라서 $g(x)=(x-1)^2+1$ $(x\ge1)$

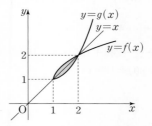

그림과 같이 곡선 $f(x)=\sqrt{x-1}+1$과 직선 $y=x$로 둘러싸
인 부분의 넓이와 곡선 $y=g(x)$와 직선 $y=x$로 둘러싸인
부분의 넓이가 서로 같으므로 구하는 넓이는
닫힌구간 $[1, 2]$에서 곡선 $g(x)=(x-1)^2+1$ $(x\ge1)$, 즉
$g(x)=x^2-2x+2$ $(x\ge1)$와 직선 $y=x$로 둘러싸인 부분의
넓이의 2배이다.
$$2\int_{1}^{2}\{x-g(x)\}dx$$
$$=2\int_{1}^{2}\{x-(x^2-2x+2)\}dx$$
$$=2\int_{1}^{2}(-x^2+3x-2)dx$$
$$=2\left[-\frac{1}{3}x^3+\frac{3}{2}x^2-2x\right]_{1}^{2}$$
$$=2\left\{\left(-\frac{8}{3}+6-4\right)-\left(-\frac{1}{3}+\frac{3}{2}-2\right)\right\}$$
$$=2\times\frac{1}{6}=\frac{1}{3}$$ 답 ②

7 점 P의 시각 $t=0$에서 $t=3$까지 위치의 변화량은
$$\int_{0}^{3}v(t)dt=\int_{0}^{3}(-2t+4)dt$$
$$=\left[-t^2+4t\right]_{0}^{3}$$
$$=-9+12=3$$ 답 ②

정답과 풀이

8 이 물체의 방향이 바뀌는 순간은 $v(t)=0$이므로
$v(t)=40-10t=0$에서 $t=4$

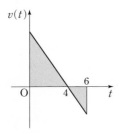

$0\leq t\leq 4$일 때 $v(t)\geq 0$이고, $4\leq t\leq 6$일 때 $v(t)\leq 0$이므로 쏘아 올린 후 6초 동안 물체가 움직인 거리는

$\int_0^6 |v(t)|dt$

$=\int_0^4 (40-10t)dt+\int_4^6 (-40+10t)dt$

$=\left[40t-5t^2\right]_0^4+\left[-40t+5t^2\right]_4^6$

$=(160-80)+\{(-240+180)-(-160+80)\}$

$=80+(-60+80)=100(\text{m})$ 답 ①

기본 핵심 문제   본문 52쪽

1 ④   **2** ②   **3** ④   **4** ②   **5** ③

1
함수 $y=|x^2-1|$의 그래프와 x축의 교점의 x좌표는 -1과 1이고

$y=|x^2-1|=\begin{cases} x^2-1 & (x\leq -1 \text{ 또는 } x\geq 1) \\ -x^2+1 & (-1<x<1) \end{cases}$

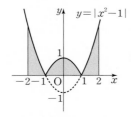

함수 $y=|x^2-1|$의 그래프는 y축에 대하여 대칭이다.
구하는 넓이를 S라 하면

$S=\int_{-2}^2 |x^2-1|dx$

$=\int_{-2}^{-1}(x^2-1)dx+\int_{-1}^1(-x^2+1)dx+\int_1^2(x^2-1)dx$

$=2\left\{\int_0^1(-x^2+1)dx+\int_1^2(x^2-1)dx\right\}$

$=2\left[-\frac{1}{3}x^3+x\right]_0^1+2\left[\frac{1}{3}x^3-x\right]_1^2$

$=2\left(-\frac{1}{3}+1\right)+2\left\{\left(\frac{8}{3}-2\right)-\left(\frac{1}{3}-1\right)\right\}$

$=\frac{4}{3}+\frac{8}{3}=4$ 답 ④

2
곡선 $x=y^3-4y$와 y축의 교점의 y좌표는
$y^3-4y=0$에서 $y(y^2-4)=0$
$y(y+2)(y-2)=0$
$y=-2$ 또는 $y=0$ 또는 $y=2$
$-2\leq y\leq 0$에서 $y^3-4y\geq 0$이고, $0\leq y\leq 2$에서 $y^3-4y\leq 0$이므로 구하는 넓이는

$\int_{-2}^2 |y^3-4y|dy$

$=\int_{-2}^0(y^3-4y)dy+\int_0^2(-y^3+4y)dy$

$=\left[\frac{1}{4}y^4-2y^2\right]_{-2}^0+\left[-\frac{1}{4}y^4+2y^2\right]_0^2$

$=\{0-(4-8)\}+\{(-4+8)-0\}$

$=4+4=8$ 답 ②

3
곡선 $y=4x-x^2$과 직선 $y=mx$의 교점의 x좌표는
$4x-x^2=mx$에서 $x(x+m-4)=0$이므로
$x=0$ 또는 $x=4-m$

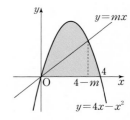

곡선 $y=4x-x^2$과 직선 $y=mx$로 둘러싸인 부분의 넓이의 2배가 곡선 $y=4x-x^2$과 x축으로 둘러싸인 부분의 넓이와 같으므로

$2\int_0^{4-m}\{(4x-x^2)-mx\}dx=\int_0^4(4x-x^2)dx$

$2\left[-\frac{1}{3}x^3+\frac{4-m}{2}x^2\right]_0^{4-m}=\left[2x^2-\frac{1}{3}x^3\right]_0^4$

$2\left\{-\frac{(4-m)^3}{3}+\frac{(4-m)^3}{2}\right\}=32-\frac{64}{3}$

$\frac{(4-m)^3}{3}=\frac{32}{3}$

$(4-m)^3=32$ 답 ④

4

$f(x)=x^3$이라 하면 $f'(x)=3x^2$

곡선 $y=f(x)$ 위의 점 $(1,\,1)$에서의 접선의 기울기는

$f'(1)=3$이므로 접선의 방정식은

$y-1=3(x-1)$, 즉 $y=3x-2$

함수 $y=f(x)$의 그래프와 직선 $y=3x-2$의 교점의 x좌표는

$x^3=3x-2$에서 $x^3-3x+2=0$

$(x-1)^2(x+2)=0$

즉, $x=1$ 또는 $x=-2$

닫힌구간 $[-2,\,1]$에서 $x^3\geq3x-2$이므로

곡선 $y=x^3$과 직선 $y=3x-2$로 둘러싸인 부분의 넓이는

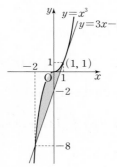

$\displaystyle\int_{-2}^{1}\{x^3-(3x-2)\}dx$

$\displaystyle=\int_{-2}^{1}(x^3-3x+2)dx$

$=\left[\dfrac{1}{4}x^4-\dfrac{3}{2}x^2+2x\right]_{-2}^{1}$

$=\left(\dfrac{1}{4}-\dfrac{3}{2}+2\right)-(4-6-4)=\dfrac{27}{4}$

답 ②

5

점 P의 시각 $t=0$에서 $t=6$까지 위치의 변화량 a는

$a=\displaystyle\int_{0}^{6}v(t)dt$

$=\displaystyle\int_{0}^{4}v(t)dt+\int_{4}^{6}v(t)dt$

$=\dfrac{1}{2}\times(1+4)\times2-\dfrac{1}{2}\times2\times2$

$=5-2=3$

점 P의 시각 $t=0$에서 $t=6$까지 움직인 거리 b는

$b=\displaystyle\int_{0}^{6}|v(t)|dt$

$=\displaystyle\int_{0}^{4}v(t)dt+\int_{4}^{6}\{-v(t)\}dt$

$=\dfrac{1}{2}\times(1+4)\times2+\dfrac{1}{2}\times2\times2$

$=5+2=7$

따라서 $a=3$, $b=7$이므로

$a+b=3+7=10$

답 ③

단원 종합 문제

본문 53~55쪽

1 ⑤	2 ④	3 ②	4 ①
5 ④	6 ⑤	7 ④	8 ②
9 ③	10 ③	11 2	12 45

1

$\displaystyle\int xf(x)dx=4x^3+4x^2+C$에서 양변을 x에 대하여 미분하면

$\dfrac{d}{dx}\displaystyle\int xf(x)dx=\dfrac{d}{dx}(4x^3+4x^2+C)$

$xf(x)=12x^2+8x=x(12x+8)$

즉, $f(x)=12x+8$

$f(1)=12+8=20$

답 ⑤

2

$f(x)=\displaystyle\int(1+2x+3x^2+\cdots+10x^9)dx$

$\quad=x+x^2+x^3+\cdots+x^{10}+C$ (C는 적분상수)

$f(0)=C$에서 $f(0)=1$이므로 $C=1$

따라서 $f(x)=x+x^2+x^3+\cdots+x^{10}+1$에서

$f(1)=\underbrace{(1+1+1+\cdots+1)}_{10개}+1=11$

답 ④

3

$f'(x)=6x^2-10x+1$에서

$\displaystyle\int f'(x)dx=\int(6x^2-10x+1)dx$

$f(x)=2x^3-5x^2+x+C$ (C는 적분상수)

$f(1)=2-5+1+C=C-2$

$C-2=0$에서 $C=2$

$f(x)=2x^3-5x^2+x+2$

$\quad=(x-1)(2x^2-3x-2)$

$\quad=(x-1)(2x+1)(x-2)$

$f(x)=0$에서 $x=-\dfrac{1}{2}$ 또는 $x=1$ 또는 $x=2$

따라서 방정식 $f(x)=0$의 서로 다른 모든 실근의 곱은

$\left(-\dfrac{1}{2}\right)\times1\times2=-1$

답 ②

4

$f(x)=\int(x^2-3x+2)dx$의 양변을 x에 대하여 미분하면

$f'(x)=x^2-3x+2=(x-1)(x-2)$

$f'(x)=0$에서 $x=1$ 또는 $x=2$

함수 $f(x)$의 증가와 감소를 표로 나타내면 다음과 같다.

x	$\cdots$	1	$\cdots$	2	$\cdots$
$f'(x)$	+	0	−	0	+
$f(x)$	↗	극대	↘	극소	↗

즉, 함수 $f(x)$는 $x=1$에서 극댓값 M, $x=2$에서 극솟값 m을 갖는다.

$f(x)=\dfrac{1}{3}x^3-\dfrac{3}{2}x^2+2x+C$ (C는 적분상수)

$M=f(1)=\dfrac{1}{3}-\dfrac{3}{2}+2+C=\dfrac{5}{6}+C$

$m=f(2)=\dfrac{8}{3}-6+4+C=\dfrac{2}{3}+C$

따라서 $M-m=\left(\dfrac{5}{6}+C\right)-\left(\dfrac{2}{3}+C\right)=\dfrac{1}{6}$ 답 ①

5

$\displaystyle\int_1^x(x-t)f(t)dt=x^3+ax^2-4x+b$에서

$x\displaystyle\int_1^x f(t)dt-\int_1^x tf(t)dt=x^3+ax^2-4x+b$ $\quad\cdots\cdots$ ㉠

위의 식에 $x=1$을 대입하면

$\displaystyle\int_1^1 f(t)dt-\int_1^1 tf(t)dt=1+a-4+b$

$0=1+a-4+b$에서 $a+b=3$ $\quad\cdots\cdots$ ㉡

㉠의 양변을 x에 대하여 미분하면

$\displaystyle\int_1^x f(t)dt+xf(x)-xf(x)=3x^2+2ax-4$

$\displaystyle\int_1^x f(t)dt=3x^2+2ax-4$

위의 식에 $x=1$을 대입하면

$\displaystyle\int_1^1 f(t)dt=3+2a-4$

$0=2a-1$에서 $a=\dfrac{1}{2}$

㉡에서 $b=\dfrac{5}{2}$이므로

$3a+b=\dfrac{3}{2}+\dfrac{5}{2}=4$ 답 ④

6

함수 $f(x)$가 모든 실수 x에 대하여 $f(x+2)=f(x)$이고,

$\displaystyle\int_0^2 f(x)dx=2$이므로

$\displaystyle\int_0^2 f(x)dx=\int_2^4 f(x)dx=\int_4^6 f(x)dx=\int_6^8 f(x)dx$이고,

$\displaystyle\int_0^2 f(x)dx=\int_{-2}^0 f(x)dx=\int_{-4}^{-2} f(x)dx=\int_{-6}^{-4} f(x)dx$

이므로

$\displaystyle\int_{-6}^8 f(x)dx=\int_{-6}^0 f(x)dx+\int_0^8 f(x)dx$

$\displaystyle\qquad\qquad=3\int_0^2 f(x)dx+4\int_0^2 f(x)dx$

$\displaystyle\qquad\qquad=7\int_0^2 f(x)dx$

$\displaystyle\qquad\qquad=7\times2=14$ 답 ⑤

7

$\displaystyle\int_{-2}^1(5x^4+4x^3-3x^2+2x+1)dx$

$\displaystyle\qquad\qquad\qquad+\int_1^2(5x^4+4x^3-3x^2+2x+1)dx$

$\displaystyle=\int_{-2}^2(5x^4+4x^3-3x^2+2x+1)dx$

$\displaystyle=\int_{-2}^2(5x^4-3x^2+1)dx+\int_{-2}^2(4x^3+2x)dx$

$\displaystyle=2\int_0^2(5x^4-3x^2+1)dx+0$

$\displaystyle=2\Big[x^5-x^3+x\Big]_0^2$

$=2(32-8+2)=52$ 답 ④

8

$f(x)=-x^2+4$라 하면 $f'(x)=-2x$

곡선 $y=f(x)$ 위의 점 $(t,\ -t^2+4)$에서 그은 접선의 방정식은

$y-(-t^2+4)=-2t(x-t)$

즉, $y=-2tx+t^2+4$

이 직선이 점 $(0,\ 5)$를 지나므로

$5=0+t^2+4,\ t^2=1$

$t=-1$ 또는 $t=1$

따라서 접선의 방정식은

$y=2x+5$ 또는 $y=-2x+5$

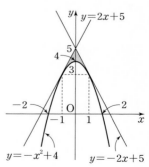

따라서 구하는 넓이는

$$\int_{-1}^{0}\{(2x+5)-(-x^2+4)\}dx$$
$$+\int_{0}^{1}\{(-2x+5)-(-x^2+4)\}dx$$
$$=2\int_{0}^{1}\{(-2x+5)-(-x^2+4)\}dx$$
$$=2\int_{0}^{1}(x^2-2x+1)dx$$
$$=2\left[\frac{1}{3}x^3-x^2+x\right]_{0}^{1}$$
$$=2\left(\frac{1}{3}-1+1\right)=\frac{2}{3}$$

답 ②

9

곡선 $y=x^2-4$와 x축 및 직선 $x=a$로 둘러싸인 두 부분의 넓이가 서로 같으므로

$$\int_{-2}^{a}(x^2-4)dx=0$$

$\left[\dfrac{1}{3}x^3-4x\right]_{-2}^{a}=0$에서

$$\left(\frac{a^3}{3}-4a\right)-\left(-\frac{8}{3}+8\right)=0,\ \frac{a^3}{3}-4a-\frac{16}{3}=0$$

$a^3-12a-16=0,\ (a+2)^2(a-4)=0$

$a>2$이므로 $a=4$

답 ③

10

점 P가 원점을 출발한 후 $t=4$일 때만 운동 방향을 바꾸고, 그 때가 원점으로부터 가장 멀리 떨어져 있다.

따라서 $t=4$일 때 원점과 점 P 사이의 거리는

$$\int_{0}^{4}v(t)dt=\frac{1}{2}\times(2+4)\times2=6$$

답 ③

서술형 문항

11

삼차함수 $f(x)$가 모든 실수 x에 대하여

$f(-x)=-f(x)$이므로

$f(x)=ax^3+bx$ (a, b는 상수, $a\neq0$)로 놓을 수 있다.

❶

이때 $f'(x)=3ax^2+b$이므로 함수 $f'(x)$의 그래프는 y축에 대하여 대칭이다.

따라서 함수 $y=2xf'(x)$, 즉 $y=6ax^3+2bx$의 그래프는 원점에 대하여 대칭이다.

❷

$$\int_{-2}^{2}(2x+1)f'(x)dx$$
$$=\int_{-2}^{2}2xf'(x)dx+\int_{-2}^{2}f'(x)dx$$

$$=0+2\int_{0}^{2}f'(x)dx$$
$$=2\times1=2$$

❸

답 2

단계	채점기준	비율
❶	함수 $f(x)$를 $f(x)=ax^3+bx$ 꼴로 나타낸 경우	30%
❷	함수 $y=2xf'(x)$를 삼차함수 꼴로 나타낸 경우	30%
❸	$\int_{-2}^{2}(2x+1)f'(x)dx$의 값을 구한 경우	40%

12

$t=5$일 때의 점 P의 위치는

$$\int_{0}^{5}v_P(t)dt=\int_{0}^{5}(2t-4)dt$$
$$=\left[t^2-4t\right]_{0}^{5}$$
$$=25-20=5$$

❶

$t=5$일 때의 점 Q의 위치는

$$\int_{0}^{5}v_Q(t)dt=\int_{0}^{5}(-4t+2)dt$$
$$=\left[-2t^2+2t\right]_{0}^{5}$$
$$=-50+10=-40$$

❷

즉, $t=5$에서 두 점 P, Q의 위치는 각각 5, -40이다.

따라서 두 점 P, Q 사이의 거리는

$$5-(-40)=45$$

❸

답 45

단계	채점기준	비율
❶	$t=5$일 때의 점 P의 위치를 구한 경우	40%
❷	$t=5$일 때의 점 Q의 위치를 구한 경우	40%
❸	두 점 P, Q 사이의 거리를 구한 경우	20%

수능 맛보기

본문 56쪽

1

$$f(x)=6x^2+\int_{0}^{1}(x-t)f(t)dt$$
$$=6x^2+x\int_{0}^{1}f(t)dt-\int_{0}^{1}tf(t)dt$$

$\int_0^1 f(t)dt=a$, $\int_0^1 tf(t)dt=b$라 하면

$f(x)=6x^2+ax-b$

$a=\int_0^1 f(t)dt=\int_0^1 (6t^2+at-b)dt$

$\quad =\left[2t^3+\dfrac{a}{2}t^2-bt\right]_0^1=2+\dfrac{a}{2}-b$

즉, $a+2b=4$ ...... ㉠

$b=\int_0^1 tf(t)dt=\int_0^1 t(6t^2+at-b)dt$

$\quad =\int_0^1 (6t^3+at^2-bt)dt=\left[\dfrac{3}{2}t^4+\dfrac{a}{3}t^3-\dfrac{b}{2}t^2\right]_0^1$

$\quad =\dfrac{3}{2}+\dfrac{a}{3}-\dfrac{b}{2}$

즉, $2a-9b=-9$ ...... ㉡

㉠, ㉡을 연립하여 풀면 $a=\dfrac{18}{13}$, $b=\dfrac{17}{13}$

따라서 $f(x)=6x^2+\dfrac{18}{13}x-\dfrac{17}{13}$이므로

$f(1)=6+\dfrac{18}{13}-\dfrac{17}{13}=\dfrac{79}{13}$ 답 ⑤

2

$f(x)=2x^2-\int_0^2 xf(t)dt=2x^2-x\int_0^2 f(t)dt$

$\int_0^2 f(t)dt=k$ (k는 상수) ...... ㉠

라 하면 $f(x)=2x^2-kx$

이것을 ㉠에 대입하면

$\int_0^2 (2x^2-kx)dx=k$

$\left[\dfrac{2}{3}x^3-\dfrac{k}{2}x^2\right]_0^2=k$

$\left(\dfrac{2}{3}\times 2^3-\dfrac{k}{2}\times 2^2\right)-0=k$

$3k=\dfrac{16}{3}$, $k=\dfrac{16}{9}$

$f(x)=2x^2-\dfrac{16}{9}x=2\left(x^2-\dfrac{8}{9}x\right)$

$\quad =2\left(x-\dfrac{4}{9}\right)^2-\dfrac{32}{81}$

즉, 함수 $f(x)$는 $x=\dfrac{4}{9}$에서 최솟값 $-\dfrac{32}{81}$를 갖는다.

$a=\dfrac{4}{9}$, $m=-\dfrac{32}{81}$

따라서 $a-9m=\dfrac{4}{9}-9\times\left(-\dfrac{32}{81}\right)=\dfrac{4}{9}+\dfrac{32}{9}=4$ 답 ①

윤혜정 선생님 직접 집필, 강의

윤혜정의 나비효과 입문편

비문학 3권 · 소설 문학 2권 · 시 문학 1권

첫술에도 배부르게 하는 국어 개념 공부의 첫걸음

국어 공부를 시작하는
학생들에게 방향을 잡아주는
국어 입문 교재

윤혜정 선생님의 베스트셀러,
"개념의 나비효과" &
"패턴의 나비효과"의 입문편
개념과 패턴을 중심으로 한 체계적인
정리를 통해 국어 공부의 밑바탕이 되는
기본 지식 UP↑

EBS 대표 강사 윤혜정 선생님의
입담이 생생하게 살아있는 교재

중요한 부분은 더 자세하게~
어려운 부분은 더 쉽게~
음성지원 되는 듯한 선생님의
친절한 설명이 가득 윤혜정 선생님이
직접 집필하여 강의와 함께하면 **시너지 UP↑**

시 문학, 소설 문학, 비문학(독서)이
영역별로 15강씩!
3책 분권으로 더 가볍고 부담 없이!

STEP 1 개념 설명 ▷ **STEP 2** 개념 QUIZ ▷ **STEP 3** 기출문제

영역별로 확실히 알아야 할 내용들을 15강으로 정리, 국어 공부에 필요한 알짜 지식들을 모두 습득
· 다양한 예문과 문항들, 기출문제를 통해 지문 독해에서 실전 수능까지 유기적으로 연결 OK!

단숨에 마무리!

OFF

단기 특강 수학Ⅱ

정답과 풀이

수능 국어 어휘

최근 7개년 수능, 평가원 6월·9월 모의평가 국어 영역
빈출 어휘, 개념어, 관용 표현, 필수 배경지식 등 선정 수록

어휘가 바로 독해의 열쇠!
수능 국어 성적을 판가름하는 비문학(독서) 고난도 지문도
이 책으로 한 방에 해결!!!

배경지식, 관용 표현과 어휘를 설명하면서
삽화와 사진을 적절히 활용하여
쉽고 재미있게 읽을 수 있는 구성

고1 , 2 예비 수험생이
어휘&독해 기본기를 다지면서
수능 국어에 빠르게 적응하는 **29강 단기 완성!**